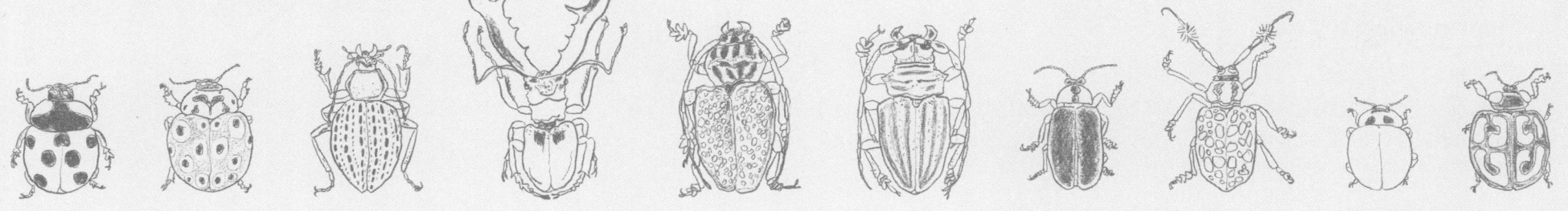

김유대 _ 대학에서 시각디자인을, 대학원에서 일러스트레이션을 공부했습니다. 서울일러스트공모전 대상, 한국출판미술대전 특별상을 받았습니다. 그림책 《강아지 키우기(대작전)》을 지었으며, 《들레 규글 바다》《팔꿈치에 구멍》《유령 사이다》《블랑블랑》 등의 그림책에 그림을 그렸습니다.

이런, 멋쟁이들! ⓒ 김유대, 2025
2025년 1월 31일 1판 1쇄 | 2025년 11월 27일 1판 2쇄 펴냄
가꿈 김장성 | **꾸밈** 고선아 | **살림** 양은영 | **알림** 이초혜 | **함께 만든 곳** 페이퍼프라이스, 다온피앤피, 책다움
펴낸이 김장성 | **펴낸 곳** 이야기꽃 | 경기도 고양시 덕양구 청초로66, B동 312호 | **전화** 070-8797-1656 | **전송** 02-6499-1657 | **전자우편** iyagikot@naver.com
ISBN 979-11-92102-33-7 77490

소통, 공감, 평화! 함께 피우는 이야기꽃 http://iyagikot.com
이 도서는 2024년 문화체육관광부의 '중소출판사 도약부문 제작 지원' 사업의 지원을 받아 제작되었습니다.

이런, 멋쟁이들!

김유대 그림책

미매기꽃

마주보고 인사하는
푸른 두 얼굴

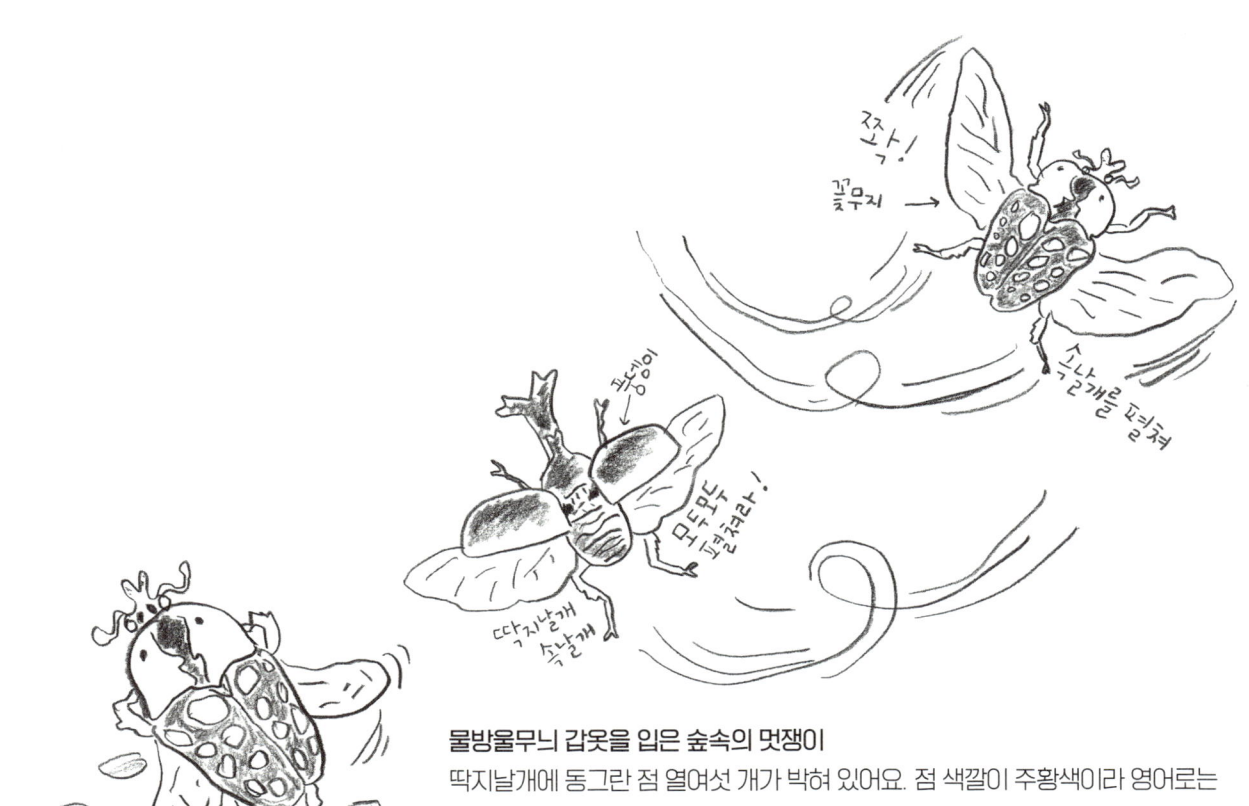

물방울무늬 갑옷을 입은 숲속의 멋쟁이
딱지날개에 동그란 점 열여섯 개가 박혀 있어요. 점 색깔이 주황색이라 영어로는 'Orange-Spotted Fruit Chafe-주황 점박이 과일 풍뎅이'라고도 해요.

풍뎅이랑은 이렇게 달라요!
꽃무지 무리는 풍뎅이 무리와 비슷하게 생겼지만 서로 달라요. 풍뎅이 무리는 딱지날개와 속날개를 다 펼쳐서 날지만, 꽃무지 무리는 딱지날개를 접은 채 속날개만 펼쳐서 날아다녀요.

꽃무지는 채식주의자
꽃무지 무리는 또, 이름처럼 꽃가루나 꿀, 과일즙 그리고 나무즙을 주로 먹고 살아요. 십육점박이사슴꽃무지는 해안황금잎나무의 나무즙을 주로 먹지요.

애벌레는 육식도!
십육점박이사슴꽃무지의 애벌레는 썩은 나무를 주로 먹지만, 종종 자기들끼리 서로 잡아먹기도 한답니다.

십육점박이사슴꽃무지 _Mecynorhina passerinii_
♂ 30~45mm ♀ 40~55mm, 남부 아프리카

콧구멍에
힘을 준
외계의 임금님

딱정벌레 세계의 천하장사
'골리앗풍뎅이'라 부르기도 하는 '장수꽃무지' 무리 가운데 하나예요. 이 녀석들은 이름처럼 덩치도 크고 힘도 세서 자기 몸무게의 몇 십 배까지도 들어 올릴 수 있대요.

무기? 도구?
수컷의 머리에 달린 뿔은 무기가 되기도 하고 도구가 되기도 해요. 짝을 차지하기 위해 서로 싸울 때, 나무즙을 먹으려고 나무껍질을 벗겨 낼 때도 뿔을 사용한답니다.

엄마보다 더 큰 아기
장수꽃무지 무리는 애벌레가 어른벌레보다 훨씬 커요. 몸무게도 2배, 몸길이도 두 배! 번데기가 되면서부터 크기가 줄어든답니다.

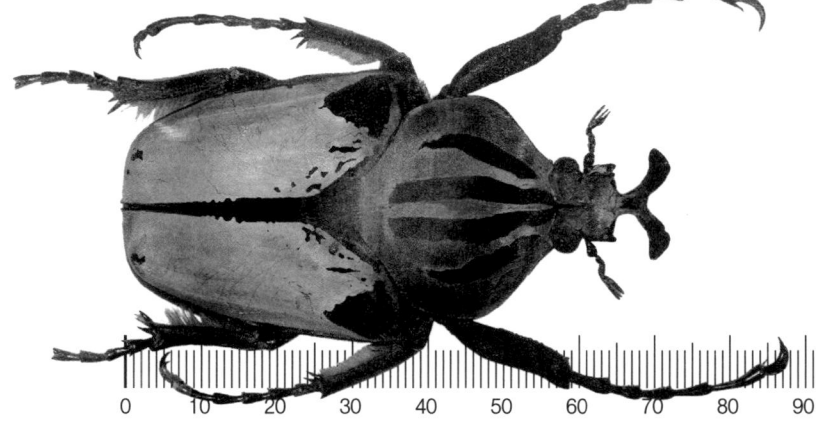

카시쿠스장수꽃무지 _Goliathus cacicus_
♂ 50-100mm, ♀ 58-79mm, 서부 아프리카

꽃 피워 달라고
기도하는 달 토끼

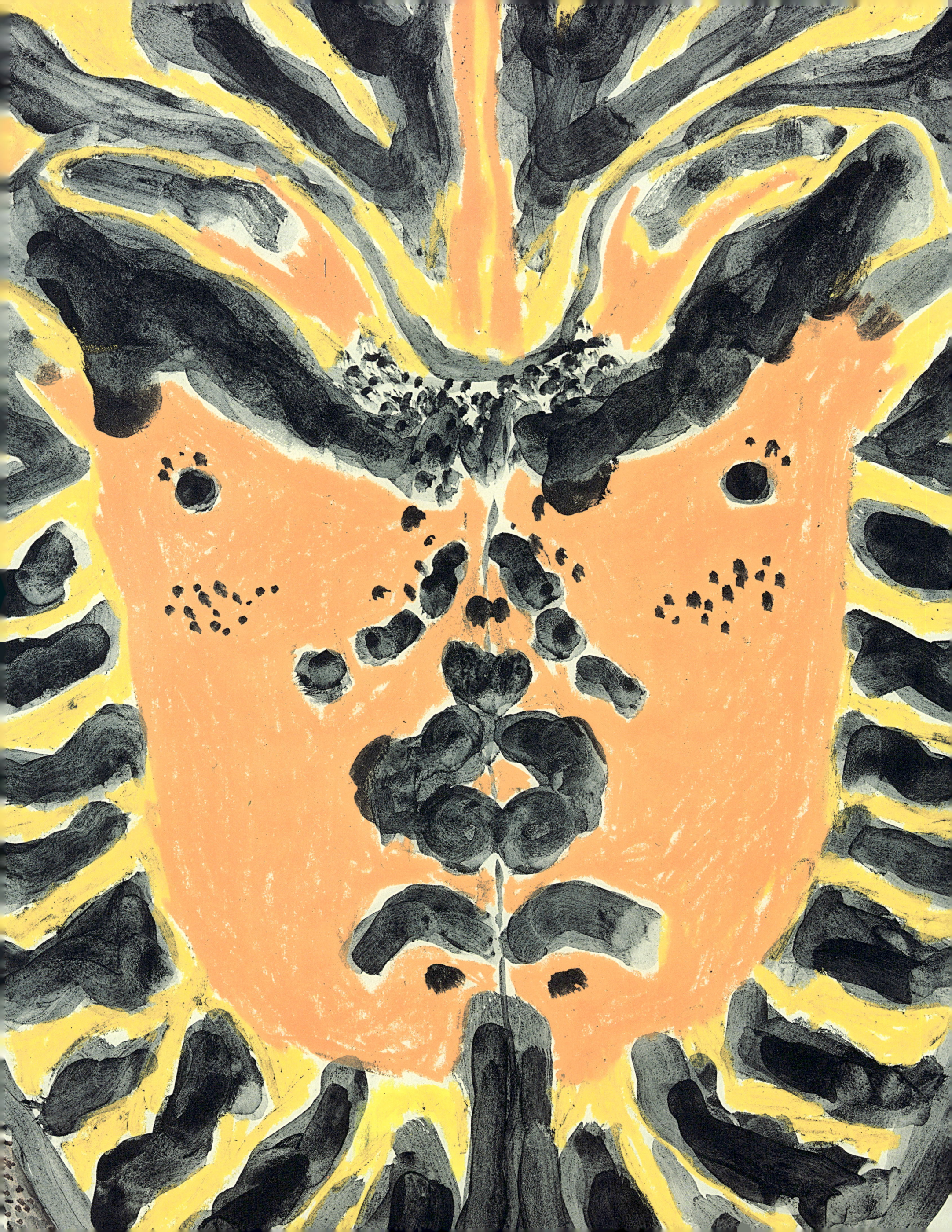

벌이야, 딱정벌레야?
멋진 겉날개는 접어 두고 속날개만 펴서 뒤영벌처럼 붕붕 소리를 내며 날아다니는 꽃무지예요..

숲속의 청소부
화려하게 생겼지만 썩은 나무, 썩은 풀, 쉰 과일을 먹어 치우는 숲속의 성실한 청소부랍니다.

편지 왔어요~!
멋쟁이인 만큼 모델계에 진출하기도 했어요.
데뷔 연도는 1988년, 무대는 니카라과의 우표딱지!

김네티스스텔라타꽃무지 _Gymnetis stellata_
20mm, 멕시코, 적도 부근 중남미

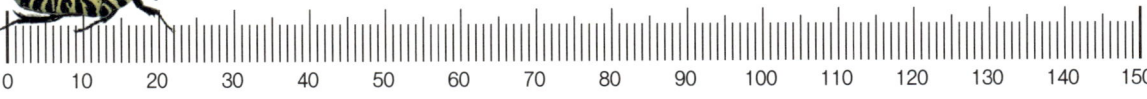

먹구름 몰려오는 들판,

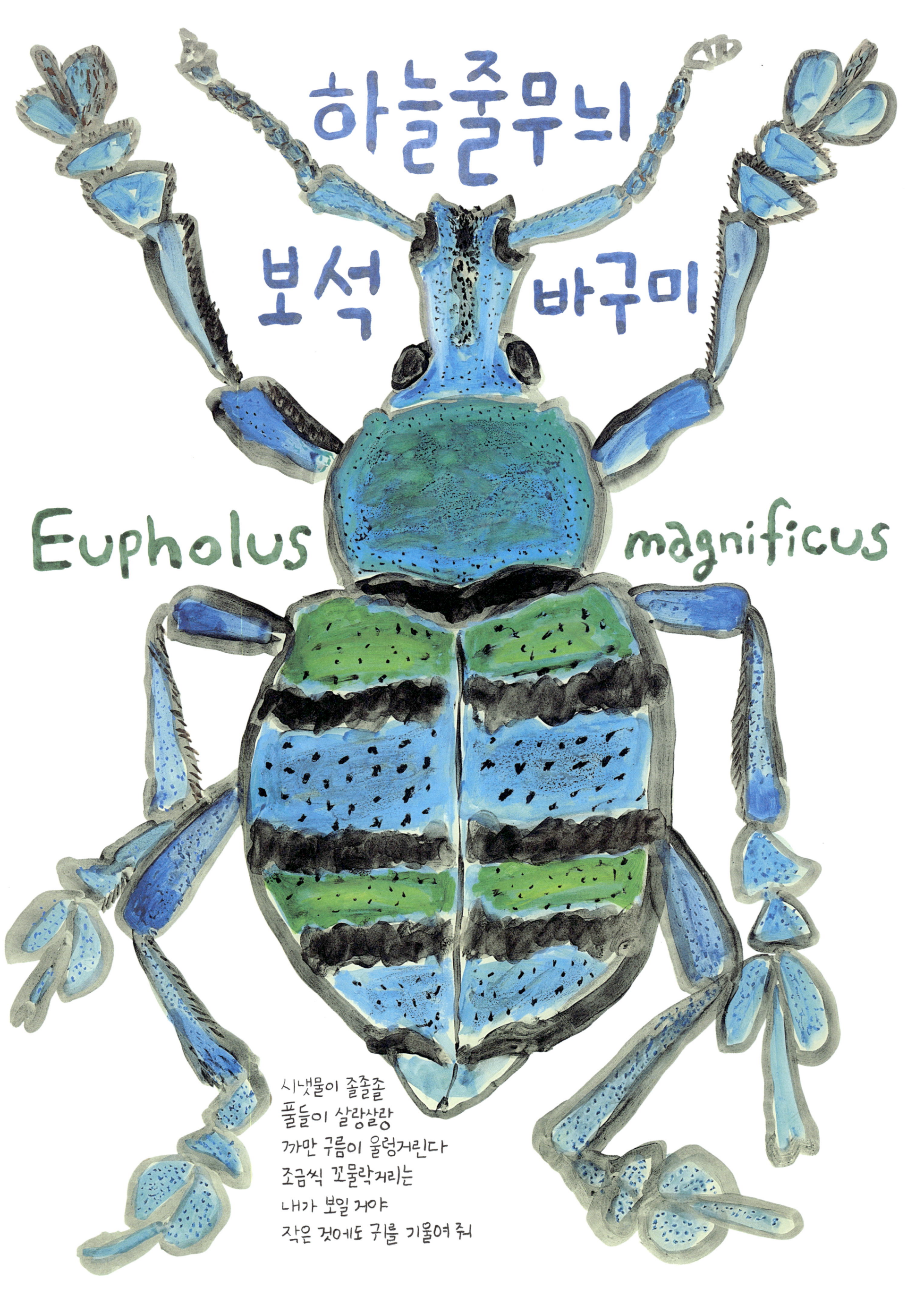

쌀바구미와 친척이에요.
쌀통 속을 기어다니는 작고 까만 벌레를 본 적 있나요? 쌀바구미예요. 하늘줄무늬보석바구미와 친척이지요. 쌀바구미는 곡식을 쏠아 먹고 살고 이 녀석은 주로 참마 잎을 먹고 살아요. 크기는 쌀바구미의 10배쯤.

"먹지 마시오!"
이 녀석의 화려한 빛깔은 "난 맛이 없거든! 게다가 독이 있을 수도 있다고!"라고 알리는 신호래요. 바구미 무리는 원래 몸이 딱딱해서 새들이 먹기 힘든데, 이 녀석은 더 먹기 싫겠죠?

코가 아니라 주둥이랍니다.
바구미 무리의 머리 앞 길쭉한 부분을 보통 '코'라고 부르지만 사실은 주둥이랍니다. 곤충은 코가 없어요. 숨은 가슴으로 쉬고 냄새는 더듬이로 맡지요. 녀석들은 긴 주둥이로 곡식이나 열매의 속을 파먹어요. 암컷은 알 낳을 구멍도 뚫는답니다.

하늘줄무늬보석바구미_Eupholus magnificus_
24-28mm, 파푸아뉴기니 일대

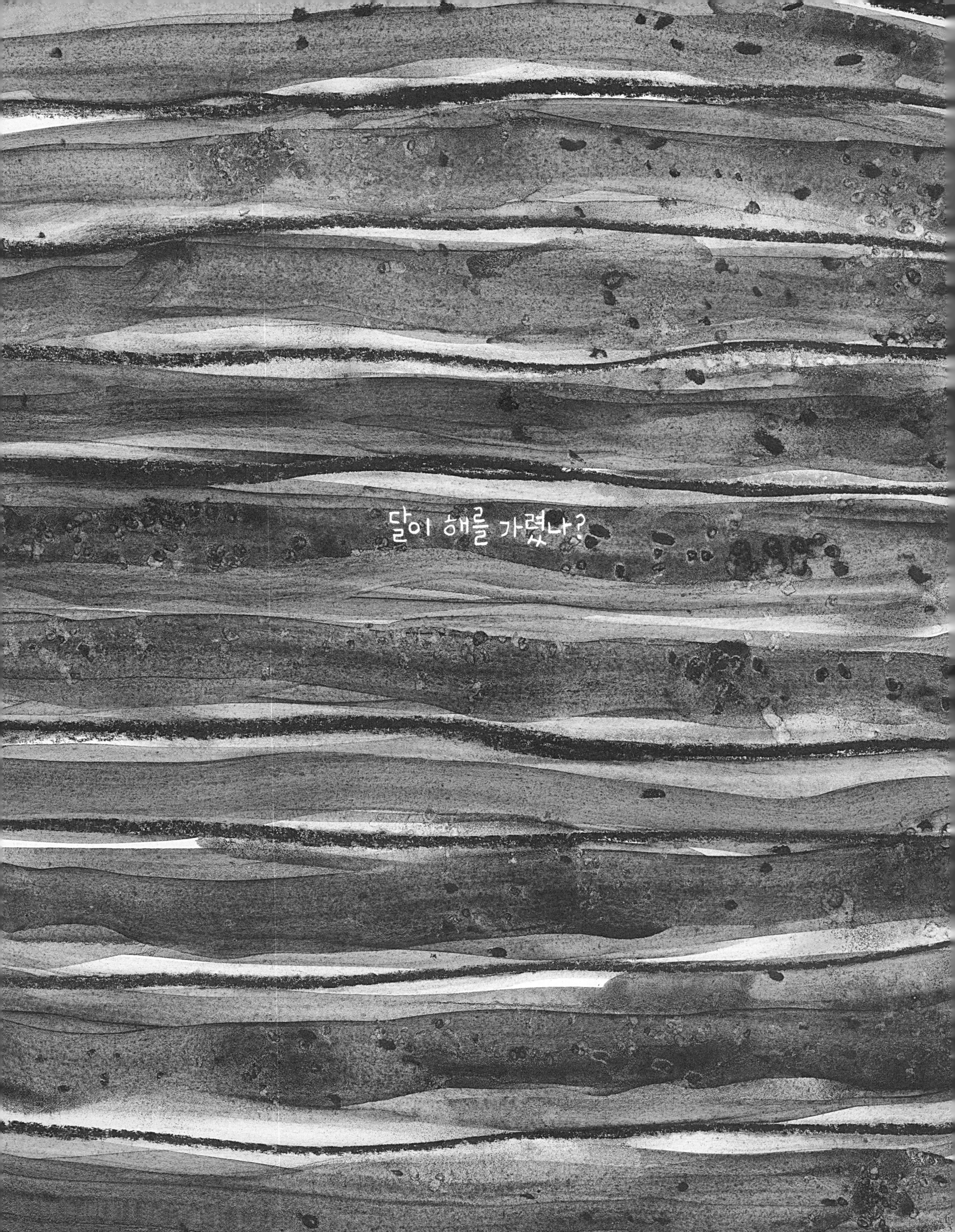

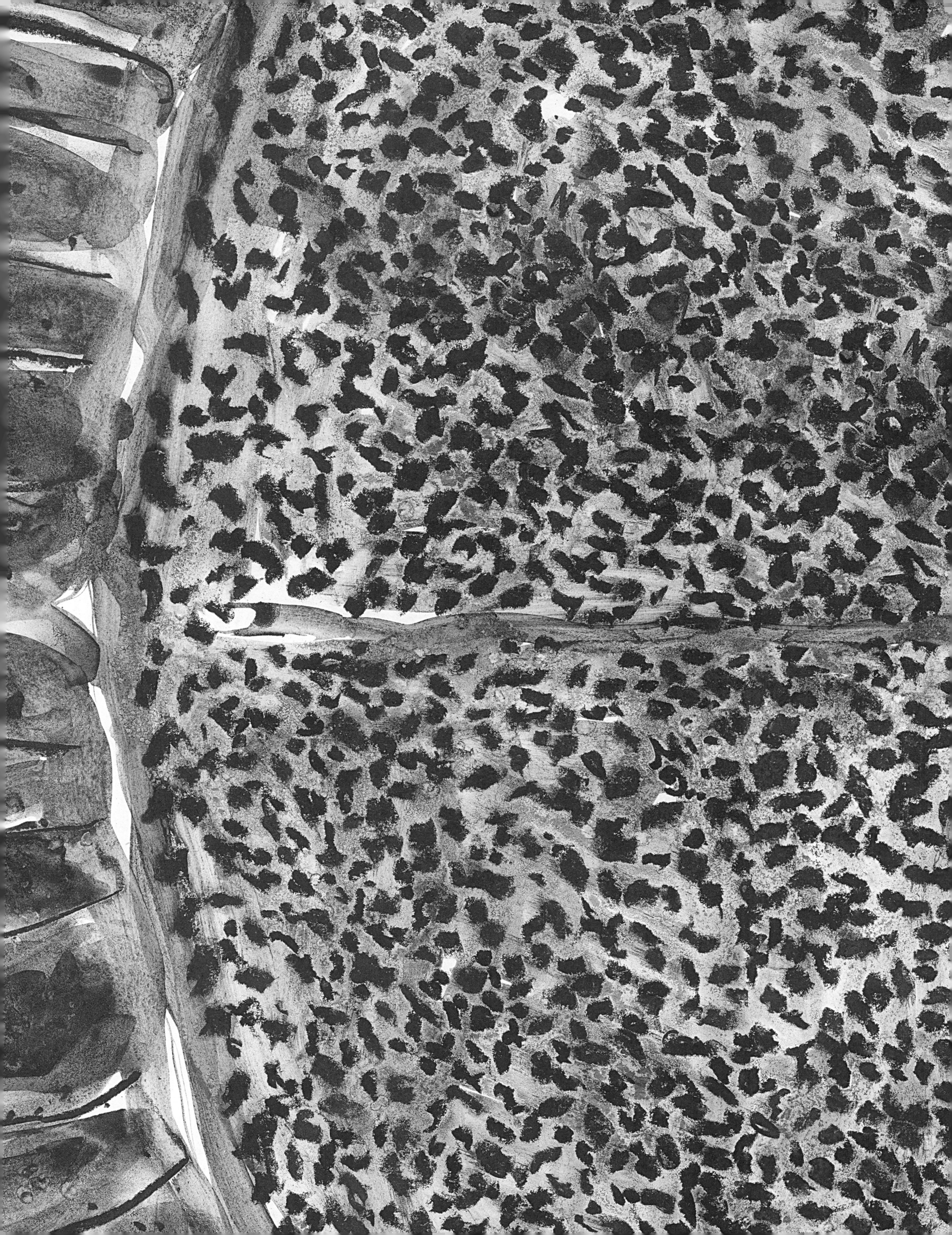

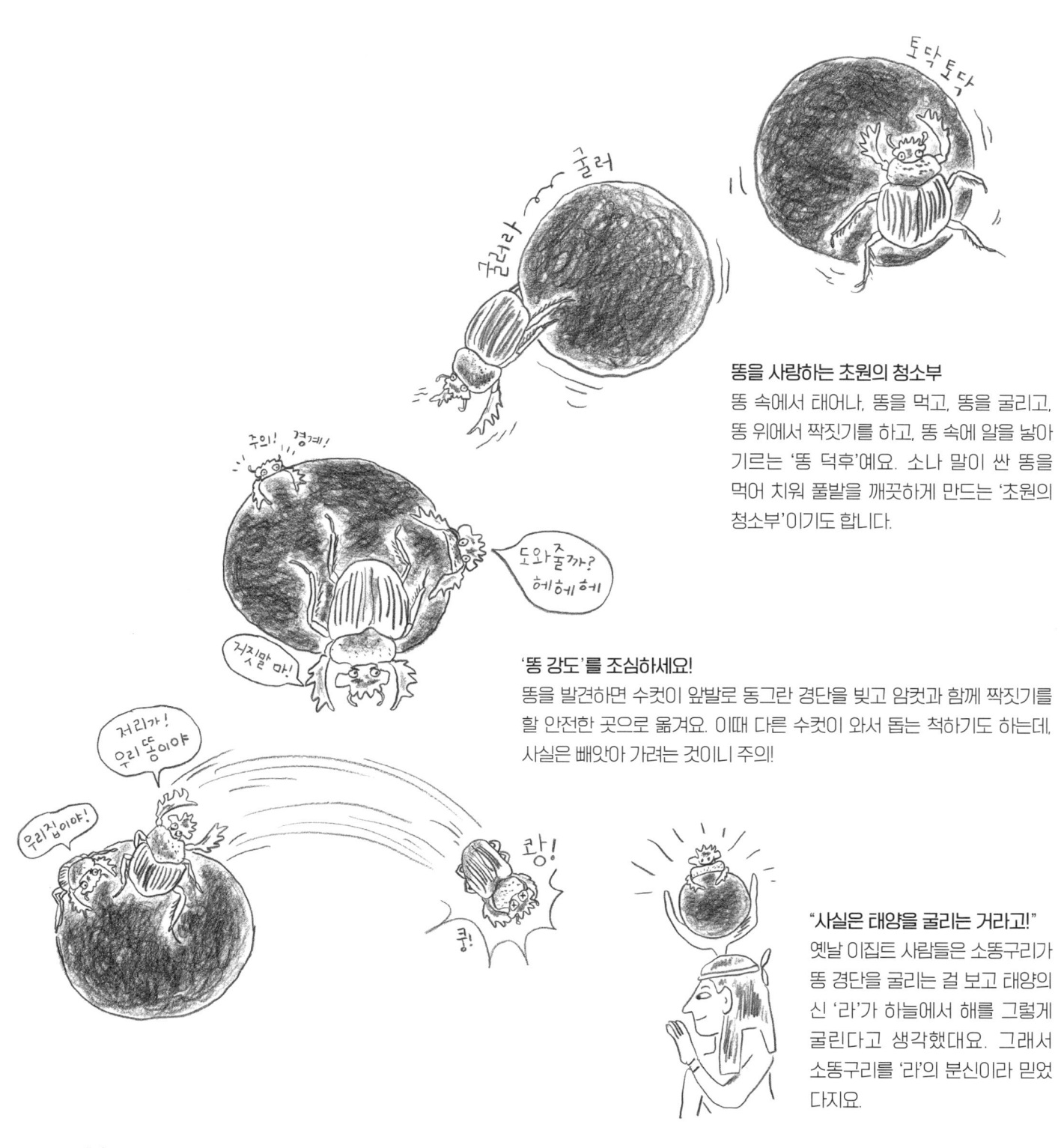

똥을 사랑하는 초원의 청소부
똥 속에서 태어나, 똥을 먹고, 똥을 굴리고, 똥 위에서 짝짓기를 하고, 똥 속에 알을 낳아 기르는 '똥 덕후'예요. 소나 말이 싼 똥을 먹어 치워 풀밭을 깨끗하게 만드는 '초원의 청소부'이기도 합니다.

'똥 강도'를 조심하세요!
똥을 발견하면 수컷이 앞발로 동그란 경단을 빚고 암컷과 함께 짝짓기를 할 안전한 곳으로 옮겨요. 이때 다른 수컷이 와서 돕는 척하기도 하는데, 사실은 빼앗아 가려는 것이니 주의!

"사실은 태양을 굴리는 거라고!"
옛날 이집트 사람들은 소똥구리가 똥 경단을 굴리는 걸 보고 태양의 신 '라'가 하늘에서 해를 그렇게 굴린다고 생각했대요. 그래서 소똥구리를 '라'의 분신이라 믿었다지요.

왕소똥구리 _ *Scarabaeus typhon*
25~37mm, 중북부 아시아, 남부 유럽, 북부 아프리카

바나나가 시들어서
그렇게 골난 거야?

더듬이는 '다목적 센서'
수염풍뎅이는 더듬이를 부채처럼 접었다 펼쳤다 하면서 날이 따뜻한지 추운지, 공기가 축축한지 메마른지, 바람이 어디서 불어오는지, 친구들이 어디에 있는지, 먹이는 어디 있는지를 알아차린답니다.

4년이나 기다렸거든!
개울이나 강 가장자리의 축축한 풀밭에서 번식하는데, 애벌레는 땅속에서 4년을 살다가 어른벌레가 되어 세상에 나와요. 4년 동안 깜깜한 곳에서 살아서일까요? 밤에 불빛만 보면 무작정 날아 돌진합니다.

환경부 지정 멸종 위기종
번식지인 개울과 강 가장자리가 콘크리트로 뒤덮여 가는 탓에 점점 수가 줄고 있어요.

수염풍뎅이

어구어구 더워라
얼굴에 땀이 범벅
콧구멍이 벌렁벌렁
부채로 시원하게 해 줄게
바람아 쌩쌩 불어라

수염풍뎅이 _Polyphylla laticollis manchurica_
30~37mm, 한국, 일본, 몽골

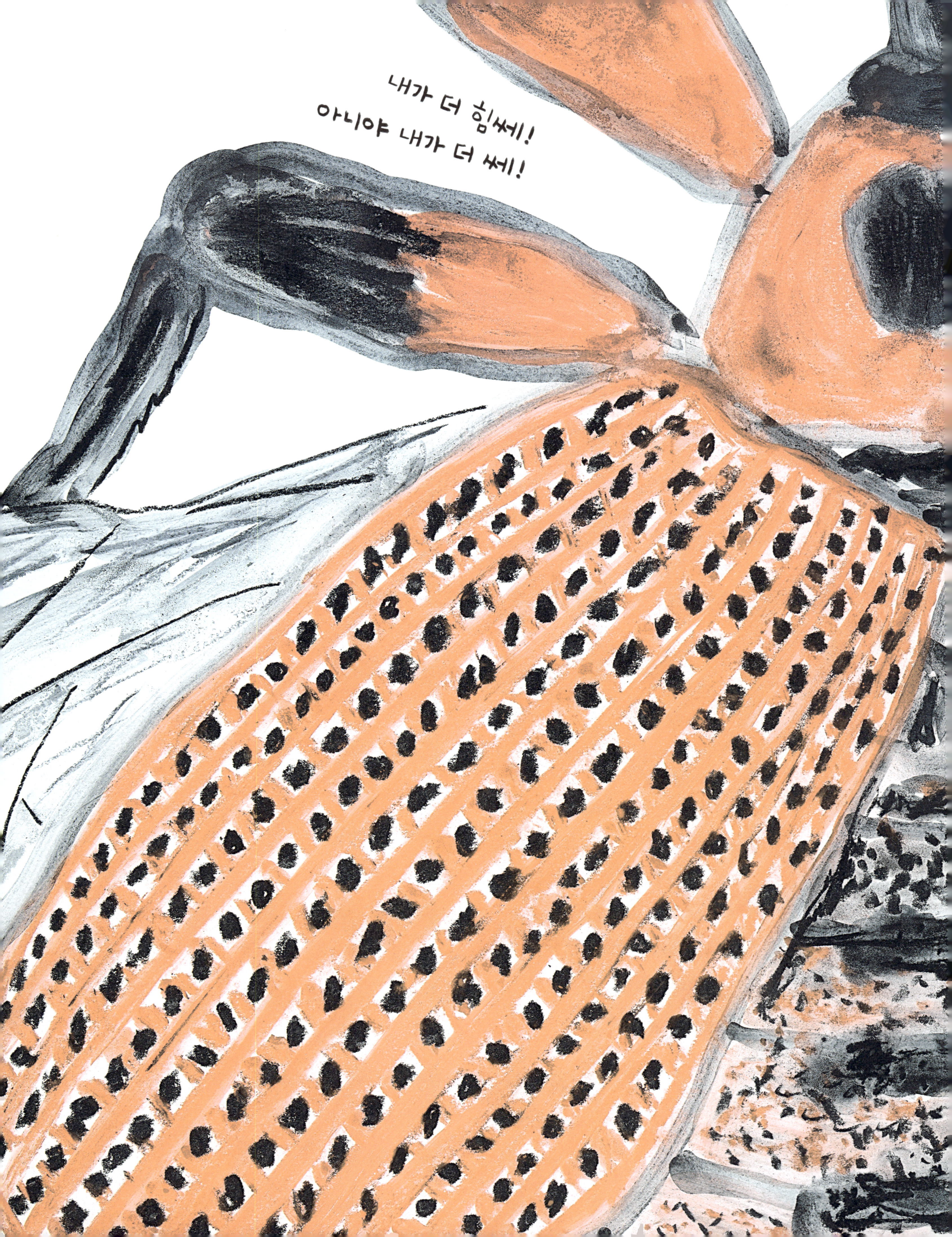

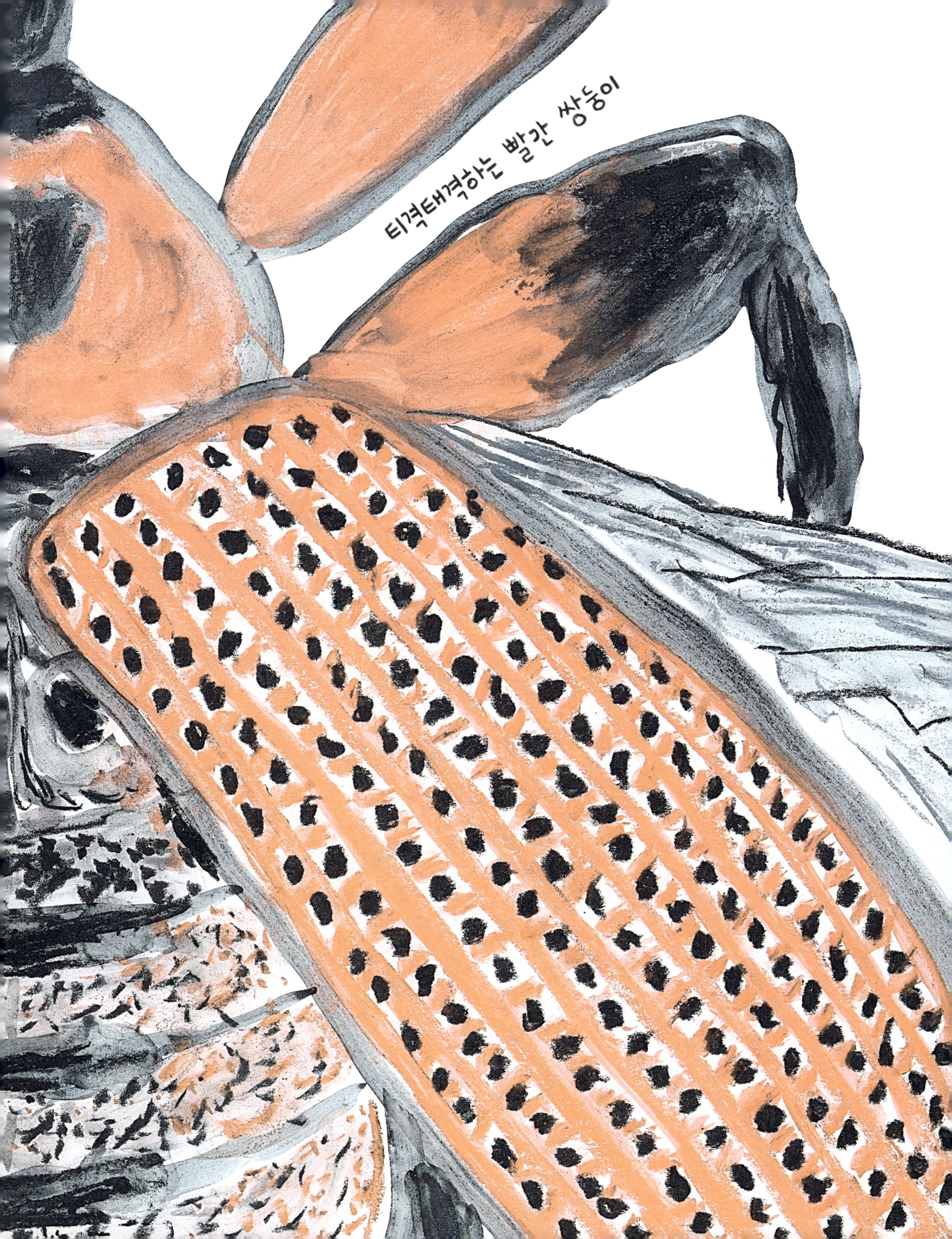

티격태격하는 빨간 쌍둥이

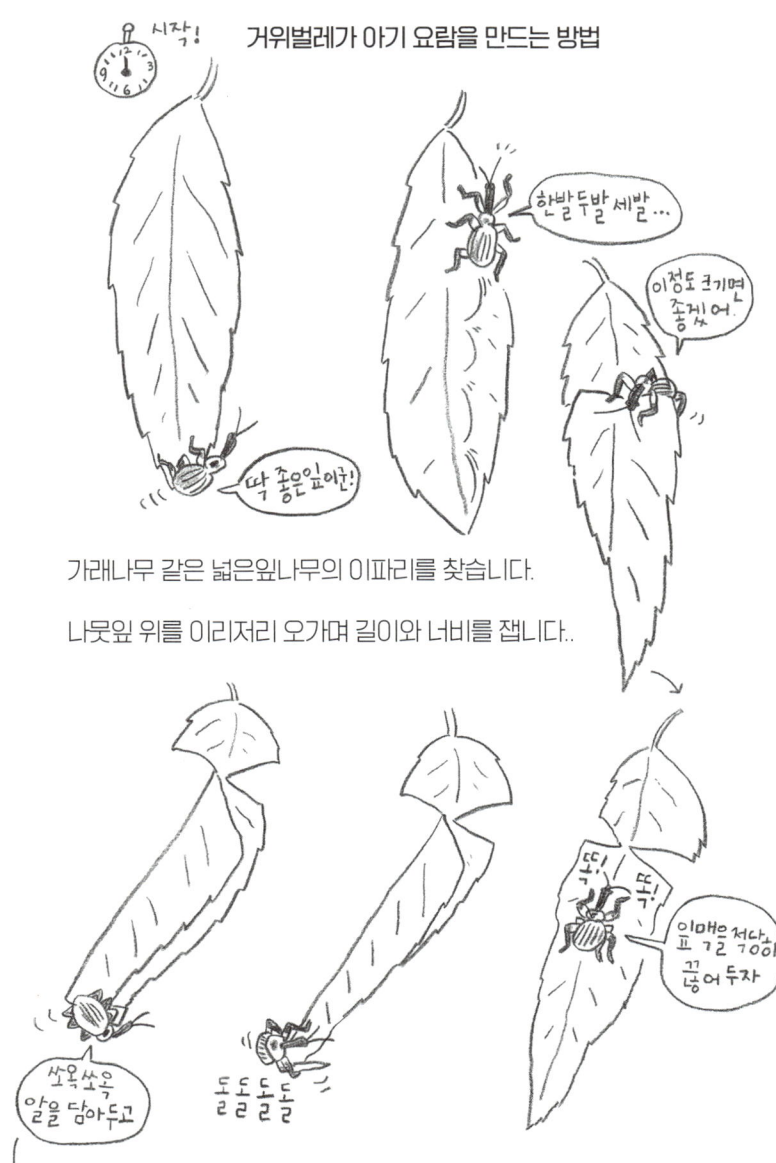

거위벌레가 아기 요람을 만드는 방법

가래나무 같은 넓은잎나무의 이파리를 찾습니다.

나뭇잎 위를 이리저리 오가며 길이와 너비를 잽니다..

알맞은 크기를 정한 뒤 주둥이로 나뭇잎을 갉아 오립니다. 한가운데 주잎맥은 반쯤만 끊어 둡니다.

온 다리를 이용해 주잎맥을 중심으로 나뭇잎을 반으로 접으면서, 나중에 똘똘 말기 좋도록 주잎맥에 일정한 간격으로 상처를 내어 둡니다.

잎 끝을 똘똘 말아 올린 뒤 주둥이로 구멍을 뚫고 꽁무니를 대어 알을 낳습니다.

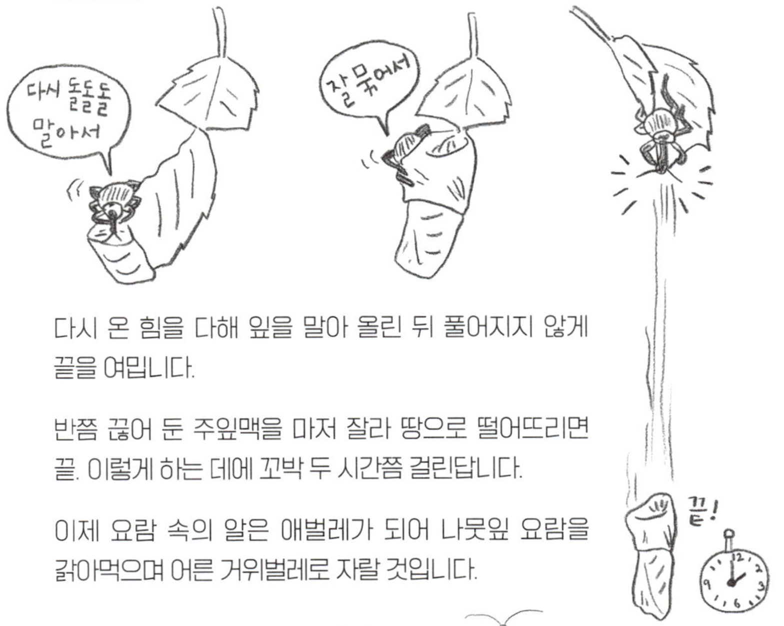

다시 온 힘을 다해 잎을 말아 올린 뒤 풀어지지 않게 끝을 여밉니다.

반쯤 끊어 둔 주잎맥을 마저 잘라 땅으로 떨어뜨리면 끝. 이렇게 하는 데에 꼬박 두 시간쯤 걸린답니다.

이제 요람 속의 알은 애벌레가 되어 나뭇잎 요람을 갉아먹으며 어른 거위벌레로 자랄 것입니다.

거위벌레는 수컷의 목이 거위처럼 길어 붙은 이름이지만, 번식을 위해 아기 요람을 만드는 수고는 목이 짧은 암컷 혼자 다 한답니다.

거위벌레 _Apoderus jekeli_ 6~10mm, 한국·일본·중국·러시아

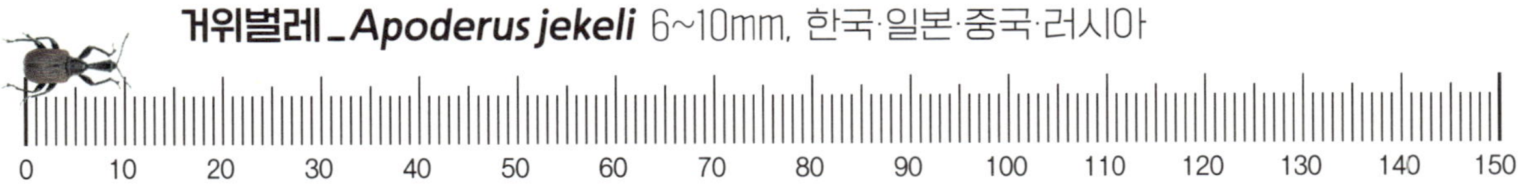

키득키득 사이좋게
책 읽는 두 친구

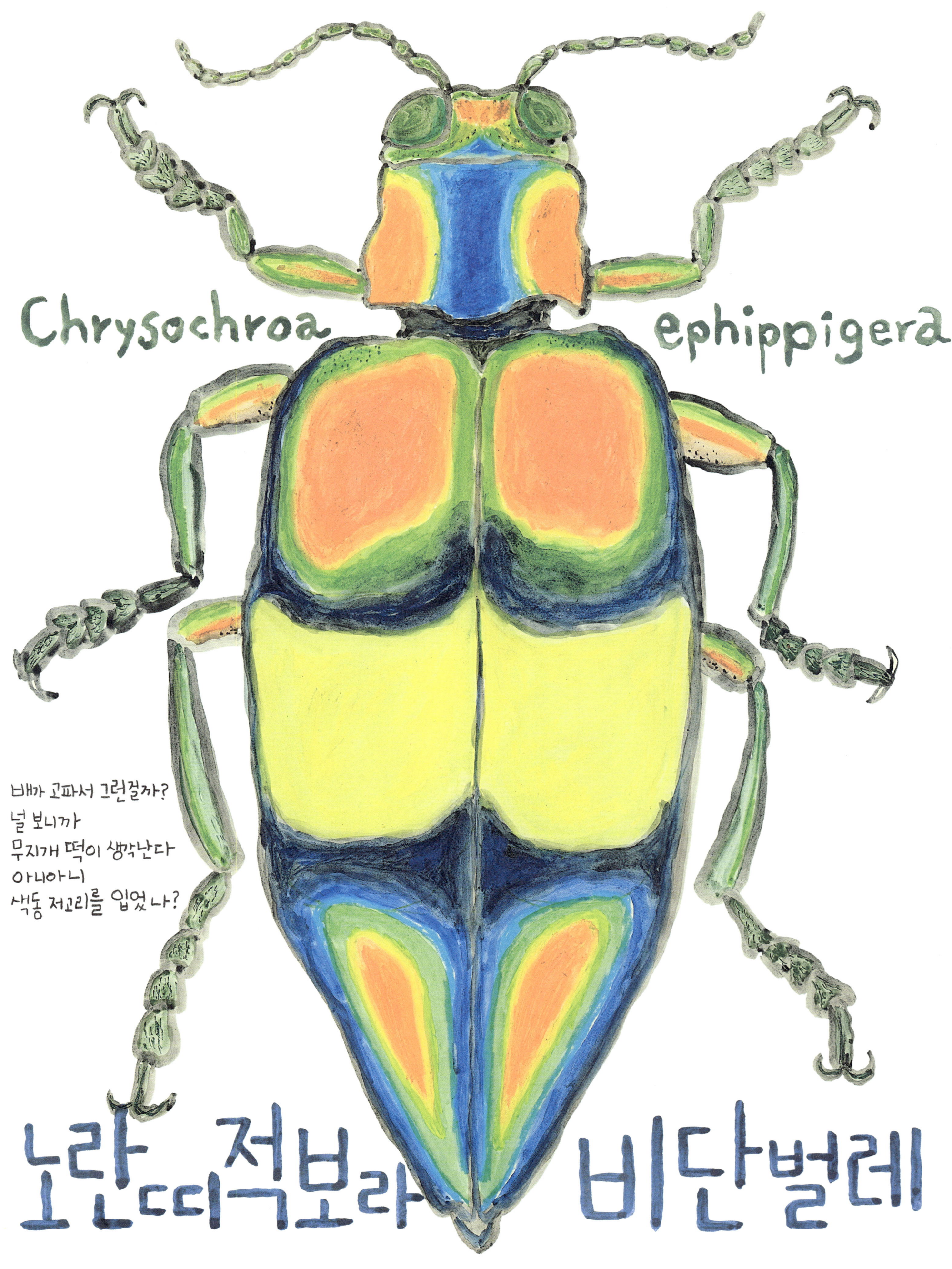

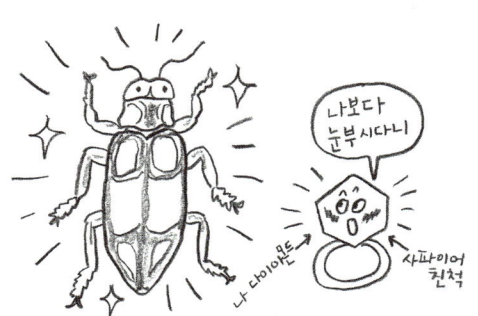

보석일까, 벌레일까?
비단처럼 아름다운 광택과 빛깔을 지닌 비단벌레 무리의 하나예요. 비단벌레 무리는 보석처럼 반짝반짝 빛난다 하여 '보석 딱정벌레(jewel beetle)'라 부르기도 해요.

장신구에 쓰였으니 보석이지!
비단벌레 무리의 단단한 딱지날개는 오랜 시간이 지나도 빛을 잃지 않아서, 옛사람들은 그것으로 귀걸이나 허리띠 같은 장신구들을 장식하기도 했어요.

천적을 피하니까 벌레라고!
녀석들이 금속처럼 빛나는 것은 천적인 새의 눈을 속이기 위한 것이라 해요. 속지 않는다 해도, 아마 이렇게 예쁜 건 먹고 싶은 마음이 안 들거예요.

노란띠적보라비단벌레 _Chrysochroa ephippigera_
37mm 안팎, 인도 동북부에서 내륙부 동남아시아 일대까지

와! 수박이다!

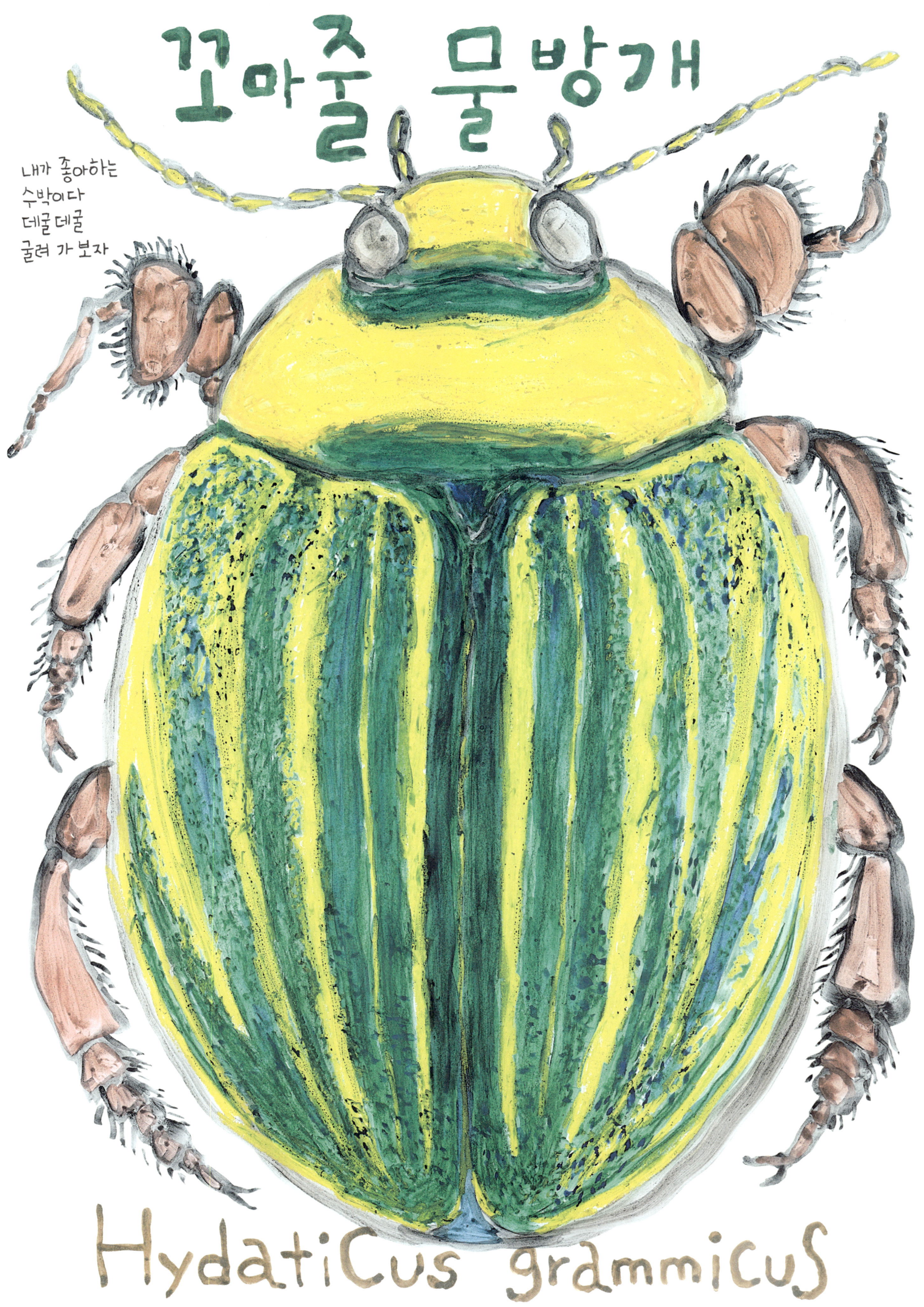

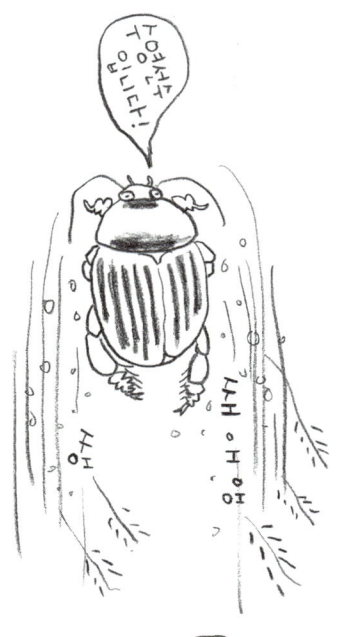

물속을 누비는 수영 선수
꼬마줄물방개는 헤엄치기 좋게 몸매가 달걀처럼 갸름하게 둥글고 매끈해요. 뒷다리는 노처럼 넓적한 데다 긴 털이 빽빽해서 물을 밀어내기 좋아요.

독방귀를 내뿜는 수비 대장
물고기나 개구리 같은 적이 나타나면 꽁무니에서 하얀 밀가루 같은 독성 물질을 내뿜는대요. 그러면 적이 입에 물었다가도 에퉤퉤! 도로 내뱉는답니다.

산소통을 갖고 다니는 잠수부
녀석은 또, 산소통을 갖고 다녀요. 물속을 헤엄치다 숨이 차면 수면 위로 꽁무니를 내밀고 딱지날개를 살짝 벌려 공기를 빨아들여요. 날개 안쪽 빈 공간에 공기를 저장한 다음 또다시 물속으로! 녀석의 산소통은 짧게는 20분에서 36시간까지 쓸 수 있대요.

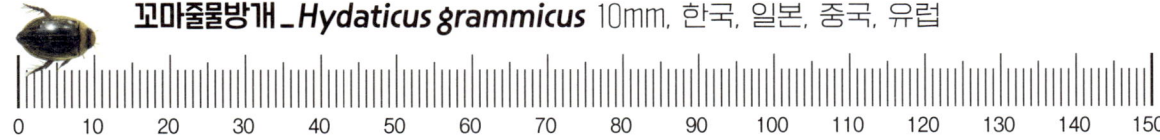

꼬마줄물방개 _ *Hydaticus grammicus* 10mm, 한국, 일본, 중국, 유럽

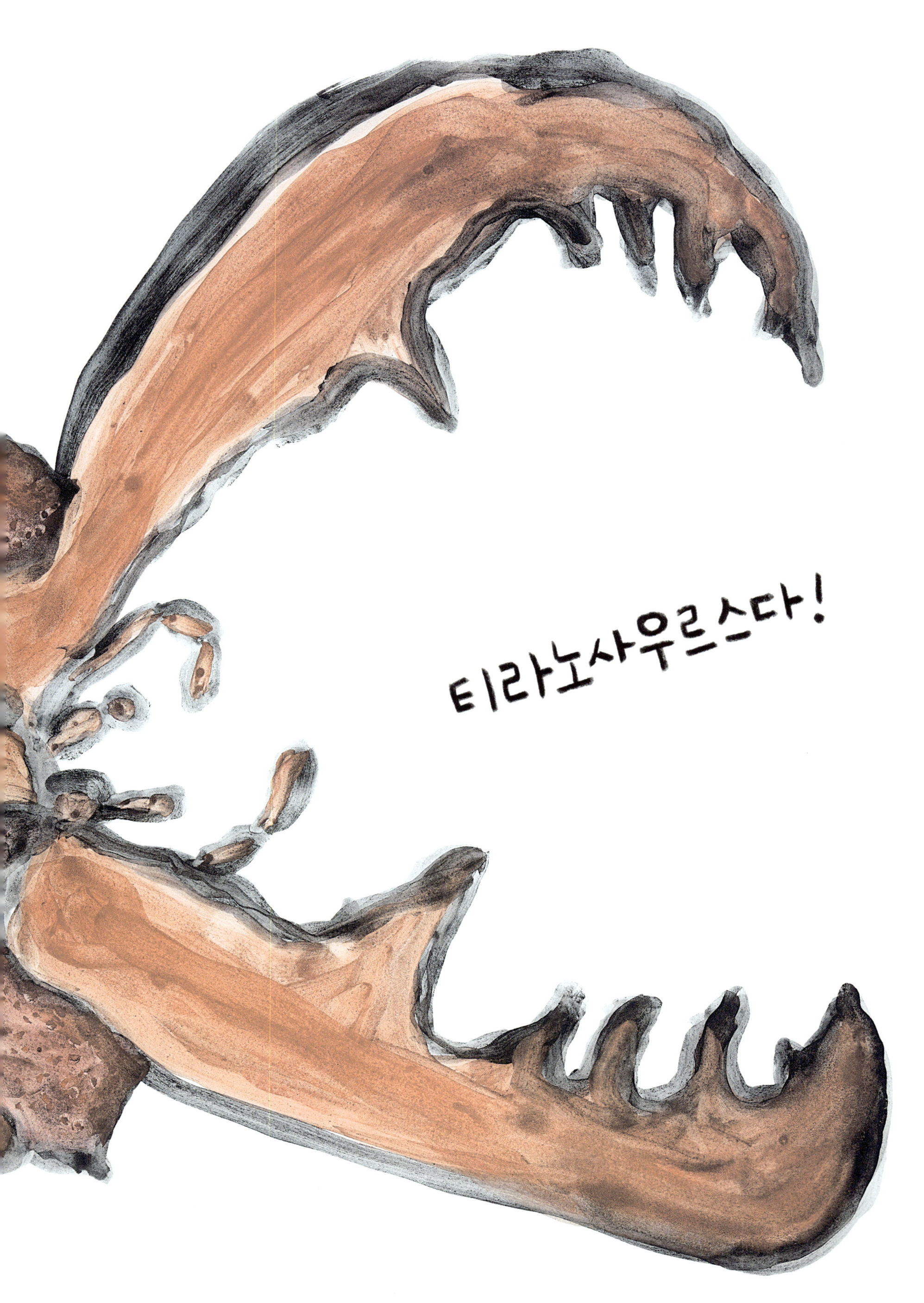

티라노사우르스다!

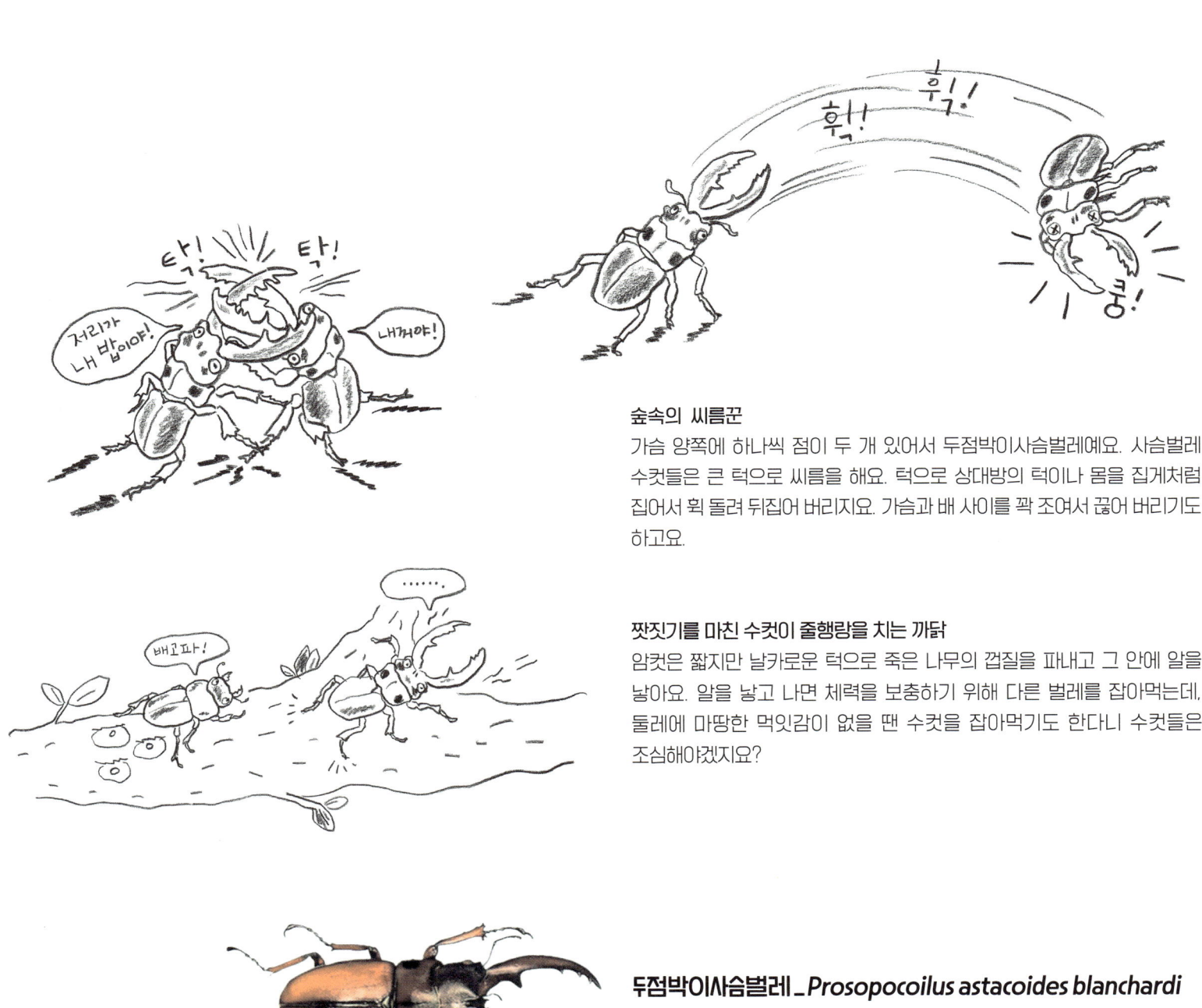

숲속의 씨름꾼
가슴 양쪽에 하나씩 점이 두 개 있어서 두점박이사슴벌레예요. 사슴벌레 수컷들은 큰 턱으로 씨름을 해요. 턱으로 상대방의 턱이나 몸을 집게처럼 집어서 휙 돌려 뒤집어 버리지요. 가슴과 배 사이를 꽉 조여서 끊어 버리기도 하고요.

짝짓기를 마친 수컷이 줄행랑을 치는 까닭
암컷은 짧지만 날카로운 턱으로 죽은 나무의 껍질을 파내고 그 안에 알을 낳아요. 알을 낳고 나면 체력을 보충하기 위해 다른 벌레를 잡아먹는데, 둘레에 마땅한 먹잇감이 없을 땐 수컷을 잡아먹기도 한다니 수컷들은 조심해야겠지요?

두점박이사슴벌레 _ *Prosopocoilus astacoides blanchardi*
♂ 45~65mm, ♀ 28~39mm, 한국(제주도), 중국, 타이완, 네팔, 몽골

야 이놈아!

너 뭐야!

남방긴뿔사슴벌레

Cyclommatus metallifer

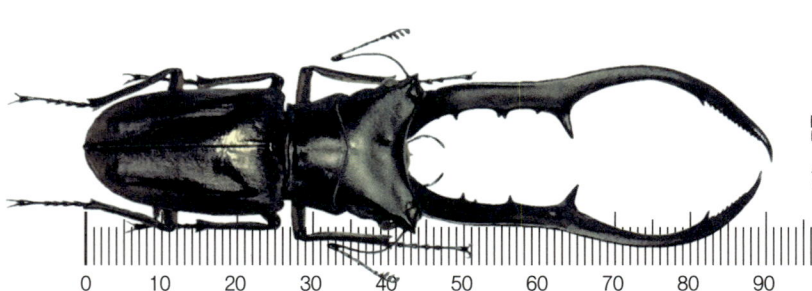

남방긴뿔사슴벌레 _Cyclommatus metallifer
♂ 26~100mm, ♀ 23~28mm, 인도네시아

어지러운 우주
시간을 초월한 녀석
석소를 풍기는 표정
묘한 매력의 친구.

번쩍번쩍 빛나는 숲속의 멋쟁이
금속(메탈 metal)처럼 광택이 나고 가위처럼 긴 턱을 지녀 '메탈리퍼가위사슴벌레'라고도 해요. 구리색인 녀석도 있고 금색이나 청동색을 지닌 녀석들도 있어요. 수컷은 전체 몸길이의 절반이 넘는 긴 턱을 지니고 있어서 턱이 짧은 암컷보다 두 배 이상 몸집이 커요.

온몸으로 암컷을 지키는 사랑꾼
종종 수컷이 암컷을 온몸으로 감싸고 있는 모습이 발견되는데, 짝짓기를 마친 뒤 다른 수컷이 덤벼들지 못하도록 암컷을 지키는 것이래요.

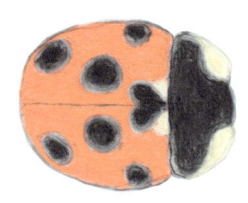      

꼭꼭 숨어라!

     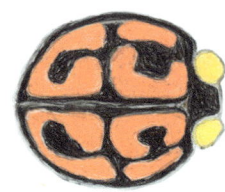 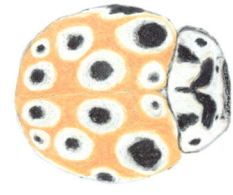

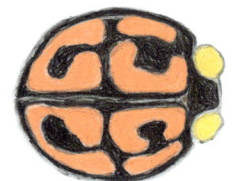      

더듬이가 보일라!

   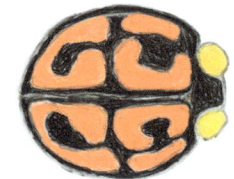   

  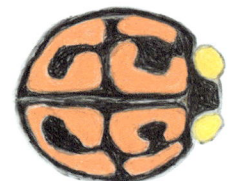    

   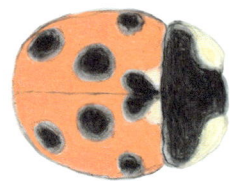   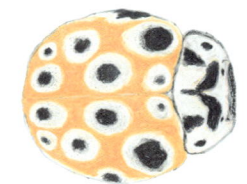

어디

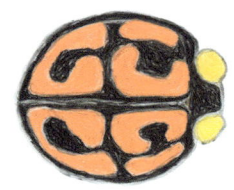 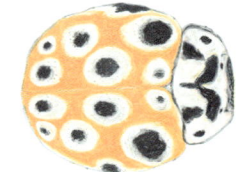   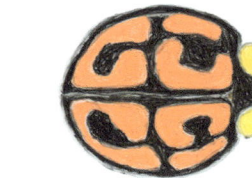  

어디

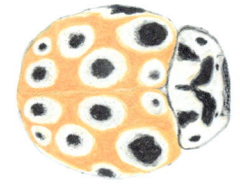     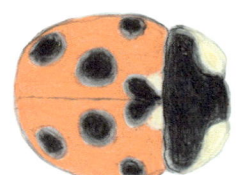 

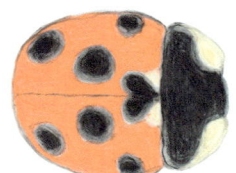  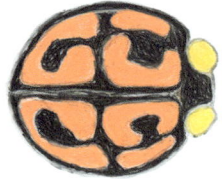    

   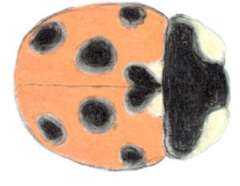   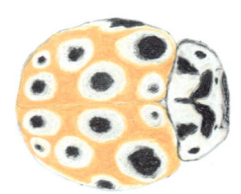

숨었나?

칠성무당벌레

빨간 드레스를 입은 무당벌레 씨

Coccinella Septempunctata

평생 진딧물을 몇 마리나 먹을까?
칠성무당벌레는 애벌레 때 하루에 50여 마리, 어른일 때는 하루에 몇백 마리씩 진딧물을 잡아먹는대요.
애벌레로 20여 일, 어른벌레로 90일에서 300일까지 산다고 하니 평생 진딧물을 몇 마리나 먹는 걸까요?

칠성무당벌레 _ *Coccinella septempunctata*
5~8.5mm, 유라시아에서 북부 아프리카까지

노랑무당벌레 _ *Illeis koebelei*
3mm, 한국·일본·타이완·중국

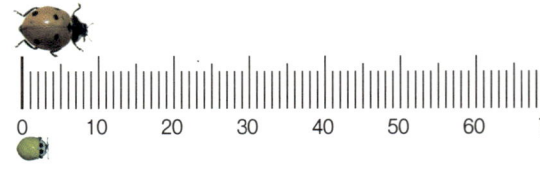

농부를 돕는 벌레
무당벌레 무리는 전 세계에 5,000여 종이 있어요. 한국에는 90여 종이 살지요. 28점박이 무당벌레처럼 식물의 잎을 갉아 먹는 녀석들을 빼면 대부분의 무당벌레는 농부의 도우미예요. 작물에 해를 끼치는 진딧물을 잡아먹으니까요.

노랑무당벌레

Illeis koebelei

계란 노른자 같아
판다 곰 같기도 하고

달무리무당벌레

사는 곳도 먹는 것도 조금씩 달라요.
달무리무당벌레는 소나무에 살면서 소나무에 끼는 진딧물을 먹고, 남생이무당벌레는 버드나무를 해치는 버들잎벌레의 알과 애벌레를, 노랑무당벌레는 흰가루병을 일으키는 병균을 주로 먹고 산대요.

멋진 고글을 머리에 두른 파일럿 아저씨! 검정 나비 콧수염이 멋져요!

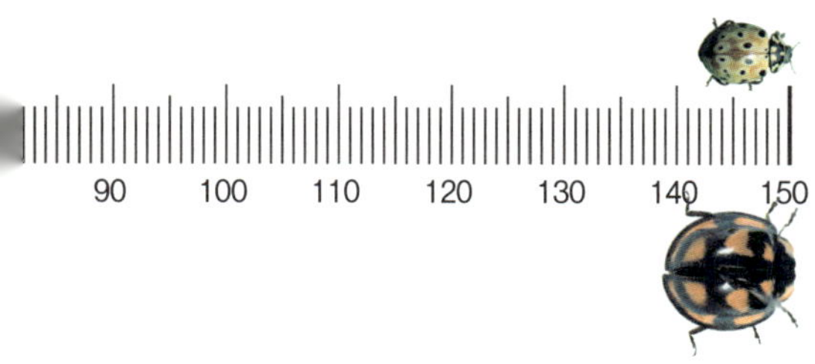

Anatis halonis

달무리무당벌레_Anatis halonis
8mm, 한국, 일본, 쿠릴열도, 극동 러시아

남생이무당벌레_Aiolocaria hexaspilota
11~13mm, 한국·일본·시베리아

남생이무당벌레

Aiolocaria hexaspilota

죽는 연기를 잘하는 배우들
무당벌레 무리는 대개 천적을 만나면 몸을 웅크리고 죽은 척을 해요. 그래도 자기를 건드리면 다리 관절 사이로 고약한 냄새가 나는 독액을 내뿜는 녀석(칠성무당벌레)도 있답니다.

마음 속에 길이 복잡한 미로가 들어있네!

건널까, 말까?

날개는 있지만 날지 못하는 멋쟁이
조롱박처럼 생긴 몸이 녹색, 청록색, 자주색 같은 갖가지 색깔로 멋지게 빛나는 딱정벌레예요. 속날개와 눈이 퇴화해서 날지 못하고 앞도 잘 못 봐요.

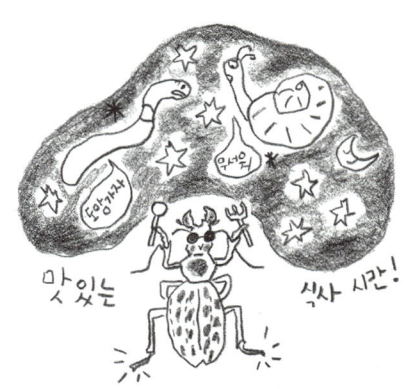

밤중에 움직이는 숲속의 은둔자
날지 못해서인지 높은 산 깊은 산중에 숨어 살면서 눈이 나빠서인지 주로 밤중에 돌아다녀요. 지렁이나 달팽이, 나비와 나방의 애벌레 따위 땅 위를 기어 다니는 것들을 잡아먹고 살아요.

죽은 흔적도 예쁜 딱정벌레
산속에서 새나 두꺼비가 먹이를 먹고 토해 놓은 펠릿을 발견한다면 막대기로 살살 흩뜨려 보세요. 소화되지 않은 딱정벌레 겉날개가 나올지 몰라요. 유난히 반짝이는 예쁜 색깔 겉날개가 나온다면 이 녀석의 것일 수 있어요.

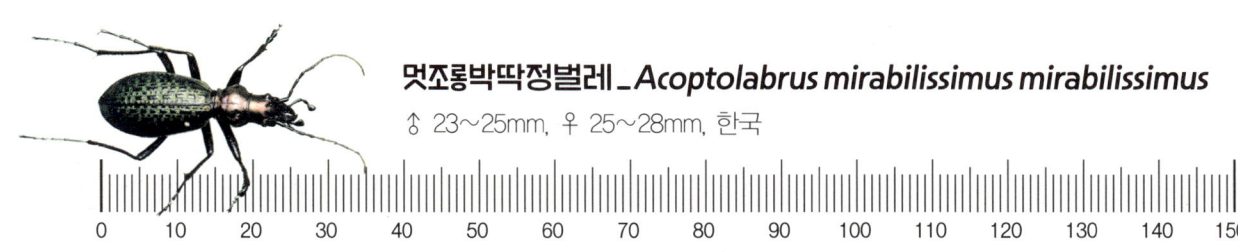

멋조롱박딱정벌레 _Acoptolabrus mirabilissimus mirabilissimus_
♂ 23~25mm, ♀ 25~28mm, 한국

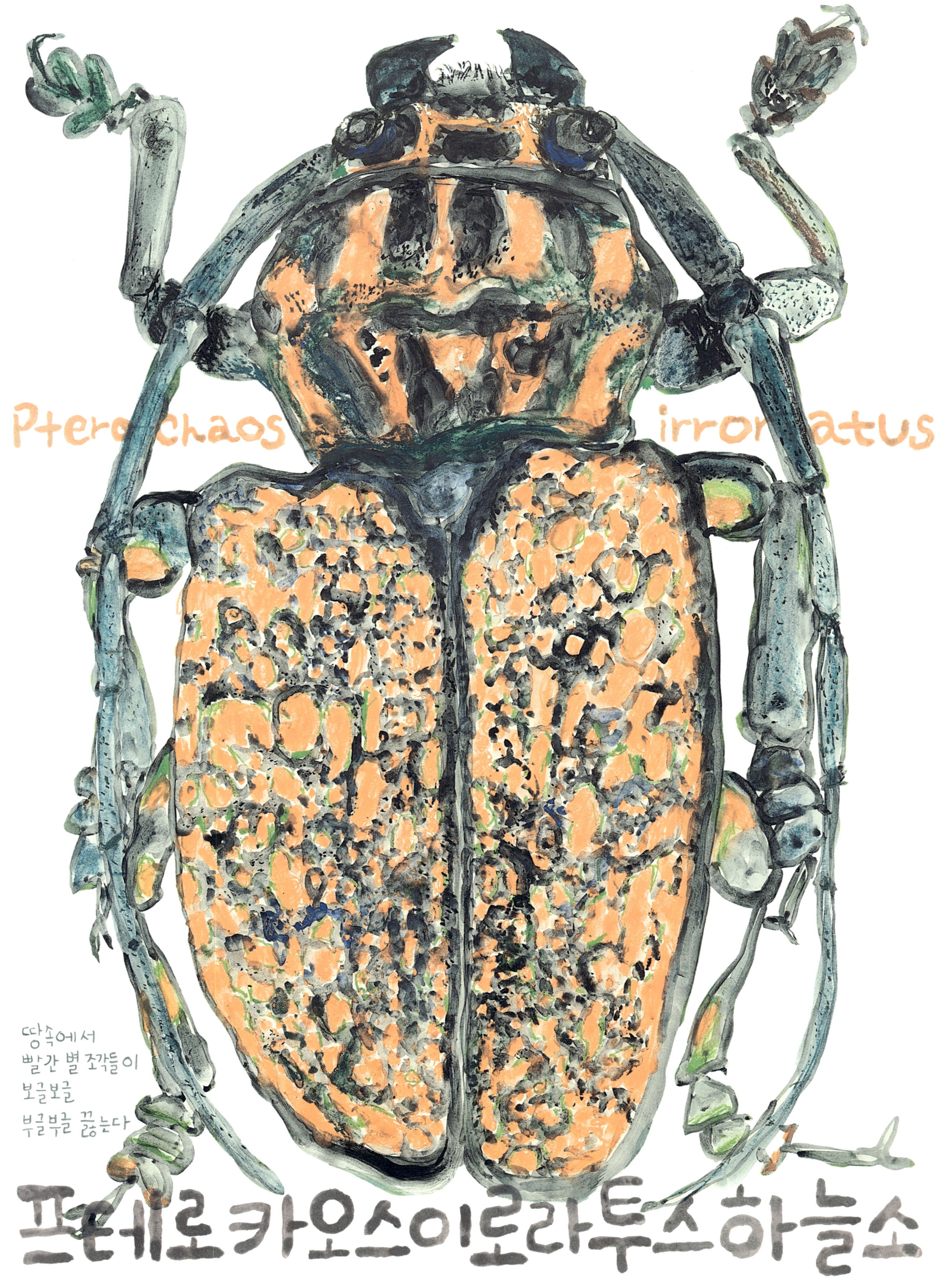

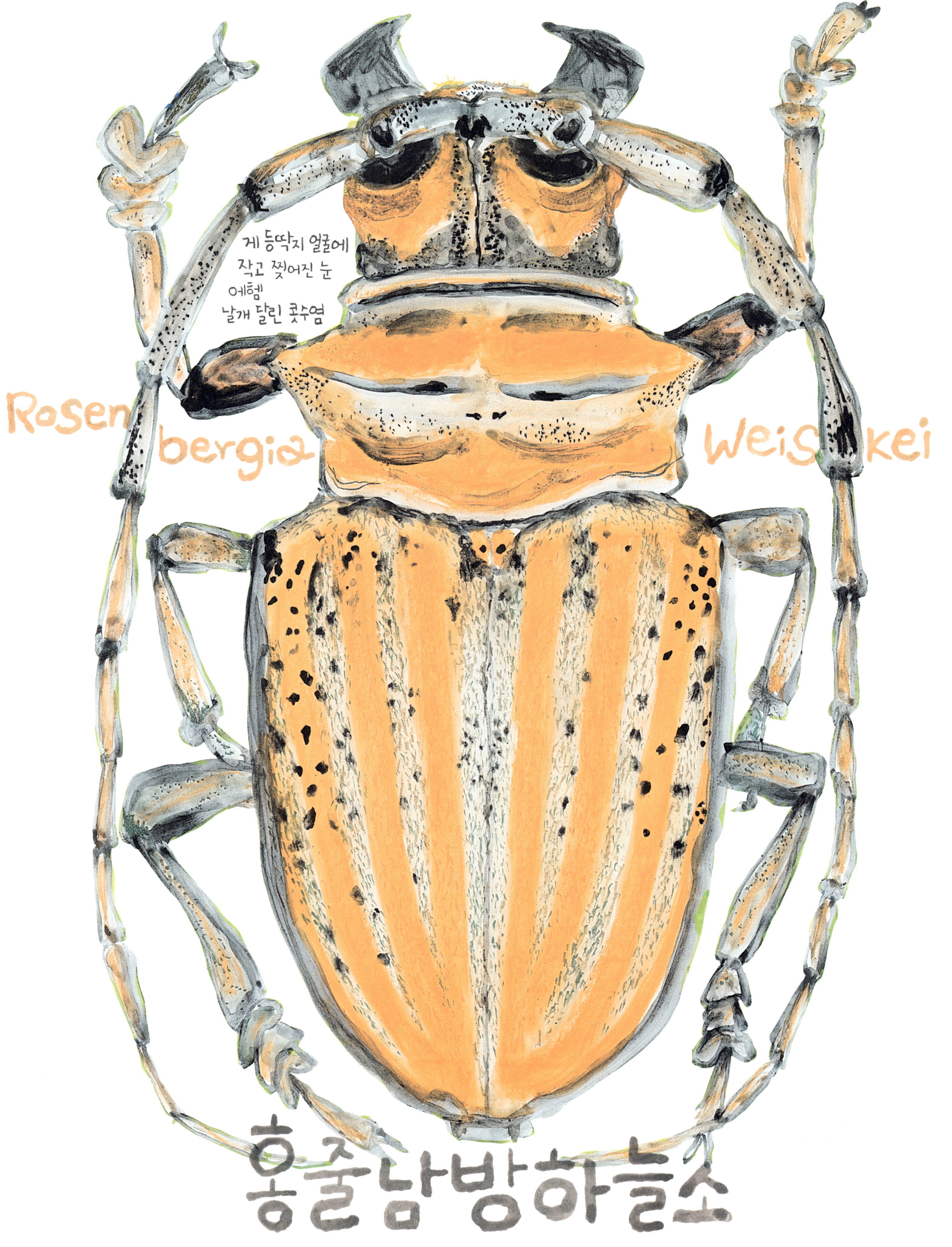

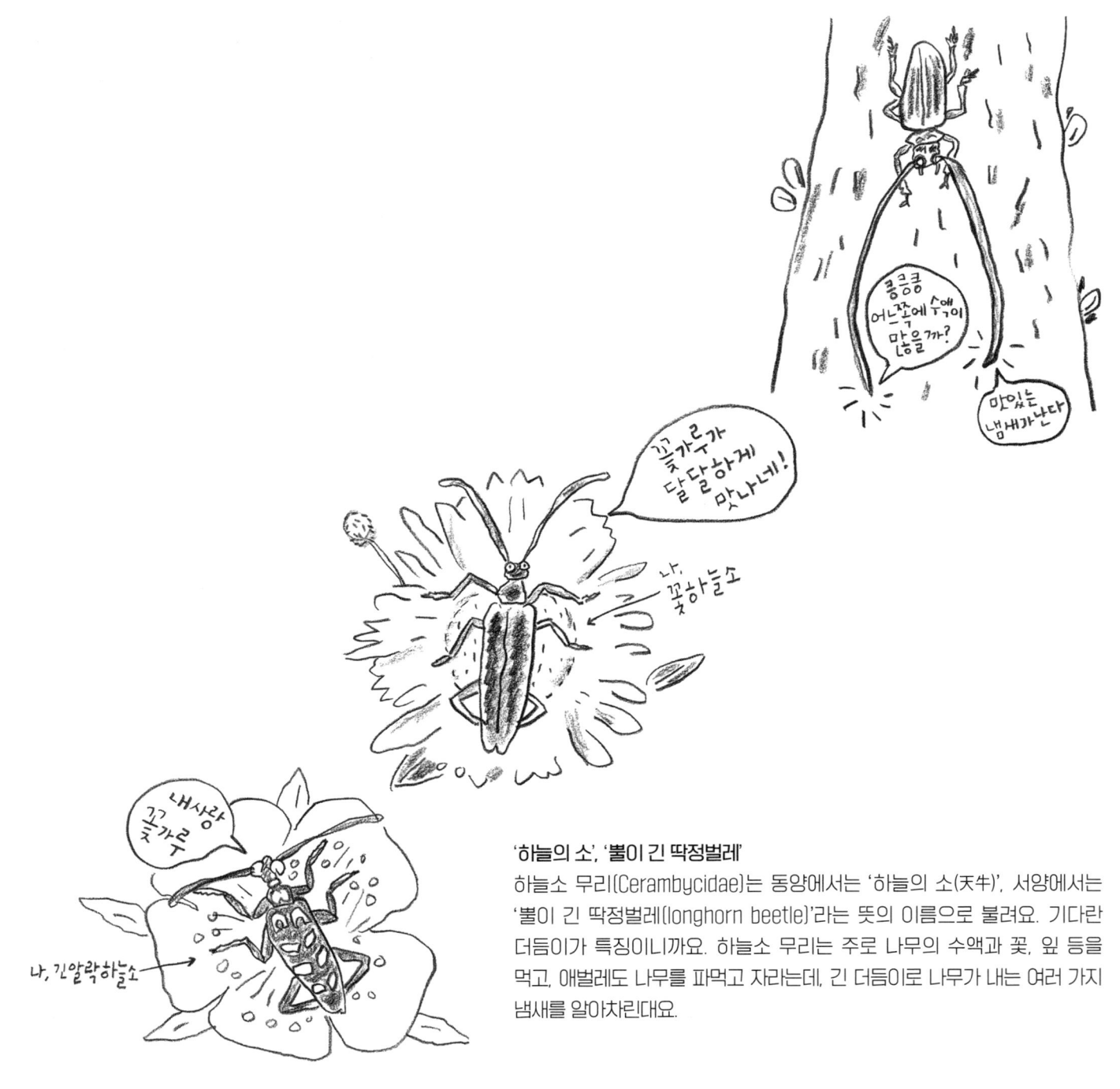

'하늘의 소', '뿔이 긴 딱정벌레'
하늘소 무리(Cerambycidae)는 동양에서는 '하늘의 소(天牛)', 서양에서는 '뿔이 긴 딱정벌레(longhorn beetle)'라는 뜻의 이름으로 불려요. 기다란 더듬이가 특징이니까요. 하늘소 무리는 주로 나무의 수액과 꽃, 잎 등을 먹고, 애벌레도 나무를 파먹고 자라는데, 긴 더듬이로 나무가 내는 여러 가지 냄새를 알아차린대요.

나무를 파먹고 살게 된 양치기 소년
그리스 신화에서는 대홍수로 위기에 빠진 양치기 소년 세람부스가 요정들이 달아 준 날개 덕분에 살아남게 되었는데, 나중에 배은망덕하게도 요정들의 흉을 보고 다녀서 요정들이 평생 나무를 파먹고 사는 하늘소로 만들어 버렸다고 합니다.

프테로카오스이로라투스하늘소 _Pterochaos irroratus_
32mm 안팎, 중서부 아프리카

딱따구리의 양식, 사람의 별미
하늘소 무리는 딱정벌레들 가운데 몸집이 큰 편에 속해요. 나무껍데기 속에서 자라는 애벌레도 대개 길고 통통하지요. 그래서 나무껍데기를 쪼아 그 속의 애벌레를 잡아먹는 딱따구리들에게는 더할 나위 없이 훌륭한 양식이 된답니다. 옛적에 로마 사람들도 하늘소 애벌레를 별미로 즐겼고 유명한 곤충학자 파브르도 명절이면 이웃들과 함께 꼬치구이를 해 먹었다 해요.

딱 붙어 있으면 찾기 힘든 술래잡기 대장
하늘소들은 날 수는 있지만 몸이 무거워 주로 나무에 딱 붙어 사는데, 적들의 눈에 안 띄게 대부분 보호색을 갖추고 있어요. 프레로카오스이로라투스하늘소와 홍줄남방하늘소의 복잡한 무늬와 색깔도 몸을 지키기 위한 거랍니다.

홍줄남방하늘소_ *Rosenbergia weiskei*
44-53mm, 파푸아뉴기니

솔솔솔 시간이 흐르네!

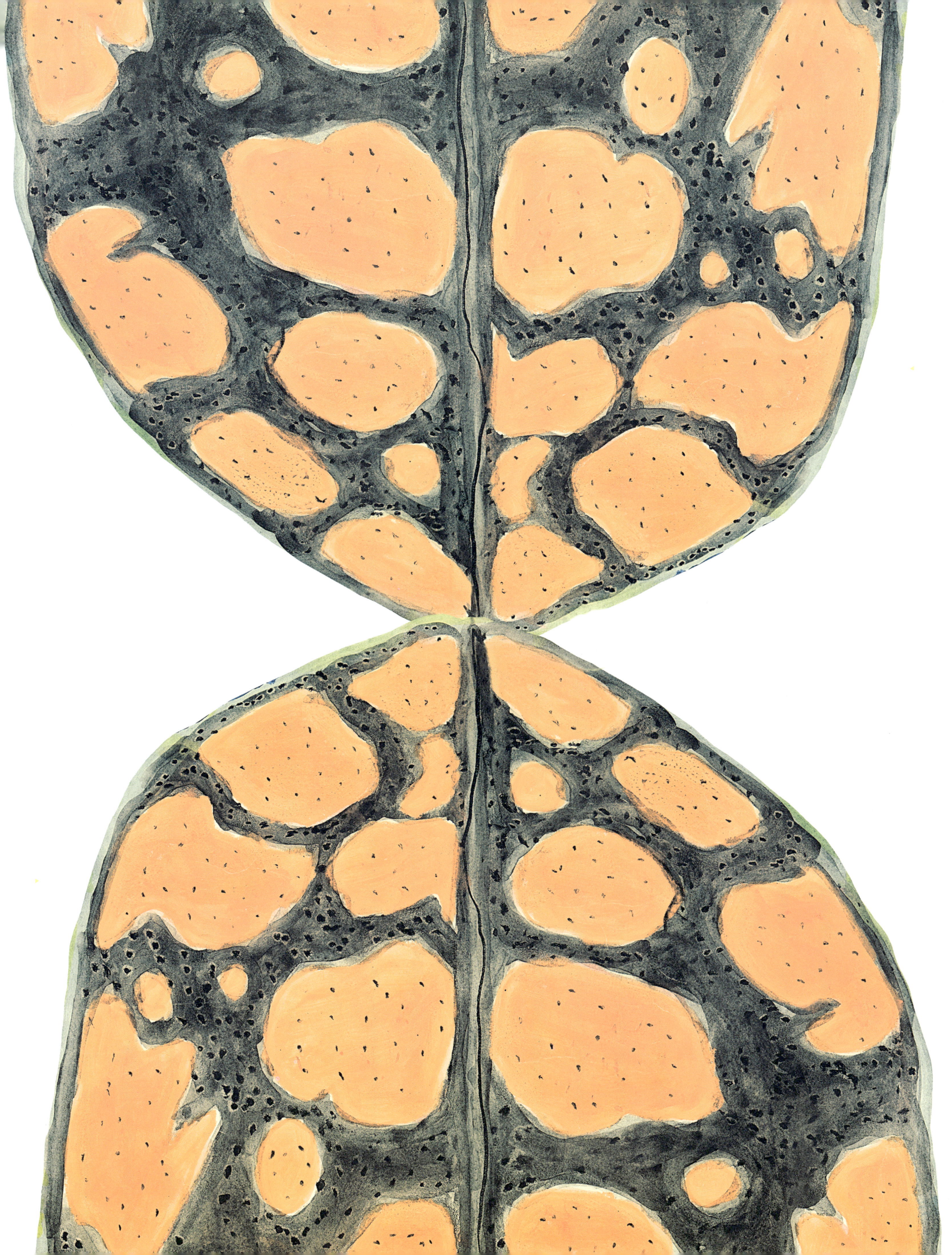

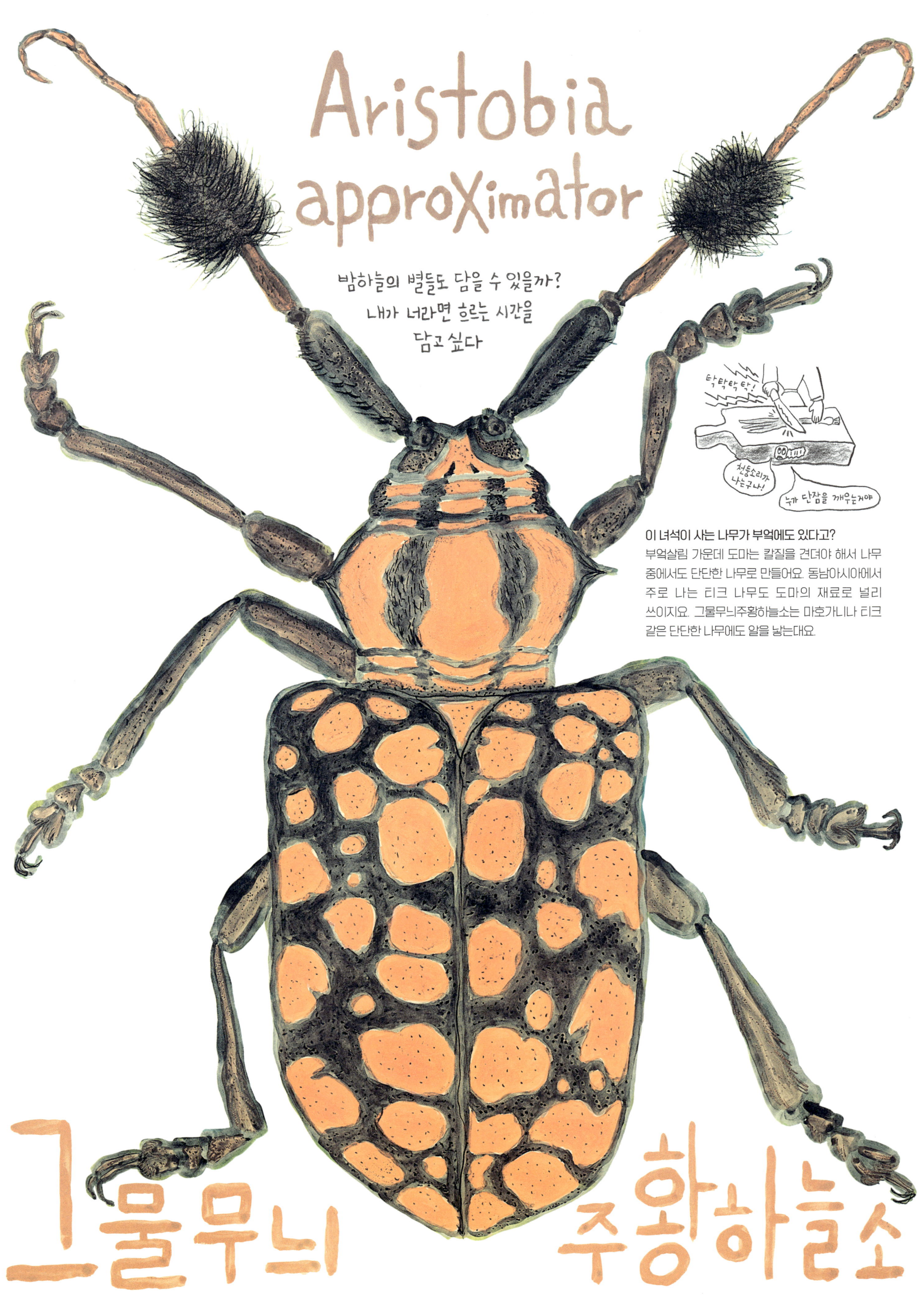

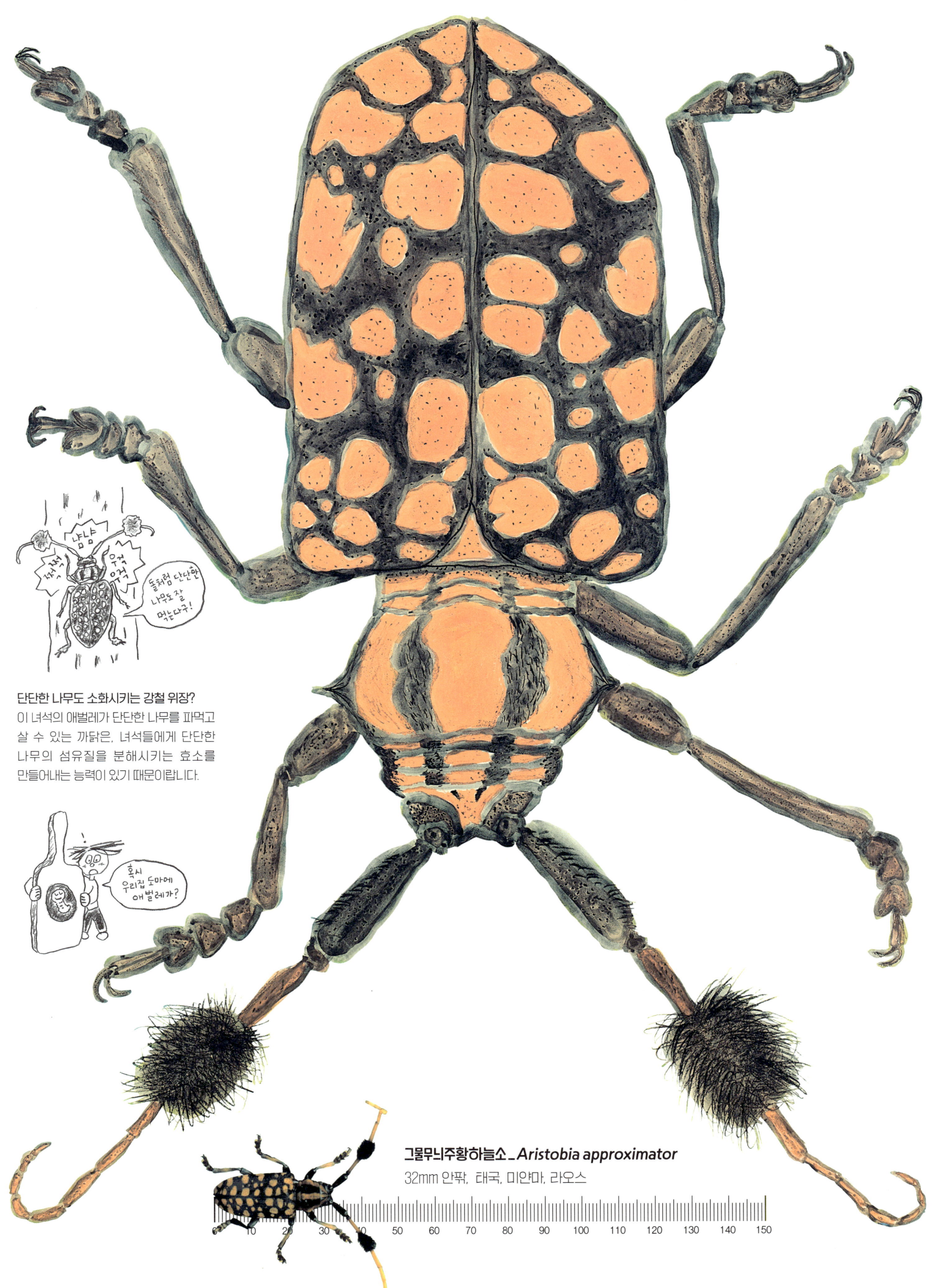

단단한 나무도 소화시키는 강철 위장?
이 녀석의 애벌레가 단단한 나무를 파먹고 살 수 있는 까닭은, 녀석들에게 단단한 나무의 섬유질을 분해시키는 효소를 만들어내는 능력이 있기 때문이랍니다.

그물무늬주황하늘소 _ *Aristobia approximator*
32mm 안팎, 태국, 미얀마, 라오스

세상을 밝히는 환한 보름달?

이슬만 먹는 밤하늘의 사랑꾼

반딧불이는 물가 이끼 위 엄마가 낳은
알에서 한여름에 태어납니다.

이듬해 봄까지 250일 동안 맑은 물속에서 다슬기와 우렁이
를 먹으며 여섯 번 몸을 바꾼 뒤, 비 오는 밤에 땅으로 올라
와 땅속에 집을 짓고 50일 동안 잠을 자다가 번데기가
됩니다.

초여름에 껍질을 벗고 어른벌레가 되지요.

그 뒤로는 보름 동안 이슬만 먹고 꽁무니에 반짝반짝 빛을
내며 사랑춤을 추다가, 물가 이끼에 알을 낳고 열흘쯤 뒤
세상을 떠납니다.

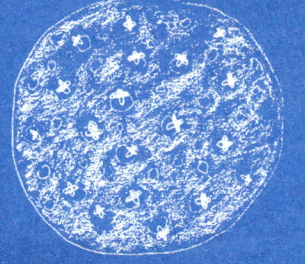

애반딧불이 _Luciola lateralis_ 7~10mm, 한국·일본

이런, 멋쟁이들!

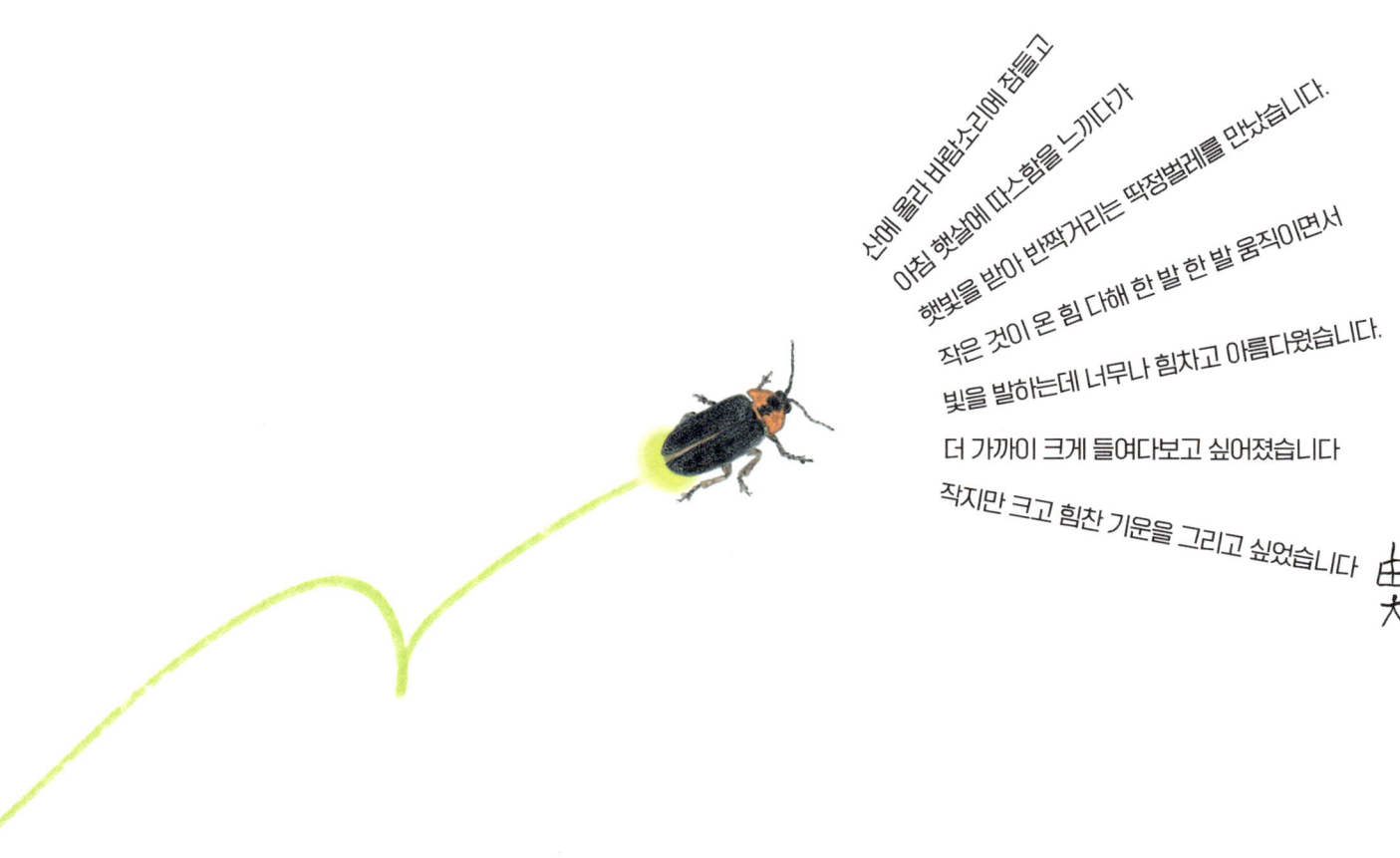

산에 올라 바람소리에 젖들고
아침 햇살에 따스함을 느끼다가
햇빛을 받아 반짝거리는 딱정벌레를 만났습니다.
작은 것이 온 힘 다해 한 발 한 발 움직이면서
빛을 발하는데 너무나 힘차고 아름다웠습니다.
더 가까이 크게 들여다보고 싶어졌습니다
작지만 크고 힘찬 기운을 그리고 싶었습니다 由大

이 책에 쓰인 사진의 저작권 표시와 출처는 다음과 같습니다. 저작(권)자 여러분께 깊이 감사드립니다.
십육점박이사슴꽃무지 © Lucia Chmurova : CC-BY-2.0 : https://flic.kr/p/fSsHLy | 카시쿠스장수꽃무지 © Olaf Leillinger : CC-BY-SA-2.5 : https://w.wiki/CgRU | 김네티스스텔라타꽃무지 © Didier Descouens : CC-Y-SA-4.0 : https://w.wiki/CgRT | 하늘줄무늬보석바구미 © Udo Schmidt : CC-BY-SA-2.0 : https://flic.kr/p/5rpxQu | 왕소똥구리 © Udo Schmidt : CC-BY-SA-2.0 : https://w.wiki/CgRi | 수염풍뎅이 © 김태완, 만천곤충박물관 : https://cafe.naver.com/manchun/1277 | 거위벌레 © 국립생물자원관 : KOGL3 : https://species.nibr.go.kr | 노란띠적보라비단벌레 © SmartOneKg : CC-BY-SA-3.0 : https://insects.fandom.com/wiki/Chrysochroa_ephippigera | 꼬마줄물방개 by Kosuke Onoda : CC0-1.0 : https://www.inaturalist.org/photos/195574955 | 두점박이사슴벌레 © 국립생물자원관 : KOGL3 : https://species.nibr.go.kr | 남방긴뿔사슴벌레 © Deep Lucanid : CC-BY-4.0 : https://www.inaturalist.org/photos/37892313 | 칠성무당벌레 by theo JF : CC0-1.0 : https://www.inaturalist.org/photos/363720479 | 달무리무당벌레 by renshuchu : CC0-1.0 : https://www.inaturalist.org/photos/403514368 | 노랑무당벌레 © Takaaki Hattori : CC-BY-4.0 : https://www.inaturalist.org/photos/64403553 | 남생이무당벌레 © 국립생물자원관 : KOGL3 : https://species.nibr.go.kr | 멋조롱박딱정벌레 © 국립생물자원관 : KOGL3 : https://species.nibr.go.kr | 프레로카오스이로라투스하늘소 © Ben Sale : CC-BY-2.0 : https://w.wiki/ChQd | 홍줄남방하늘소 © Ben Sale : CC-BY-2.0 : https://w.wiki/ChQf | 그물무늬주왕하늘소 © zhangshen : CC-BY-4.0 : https://www.inaturalist.org/photos/402698845 | 애반딧불이 © 국립생물자원관 : KOGL3 : https://species.nibr.go.kr

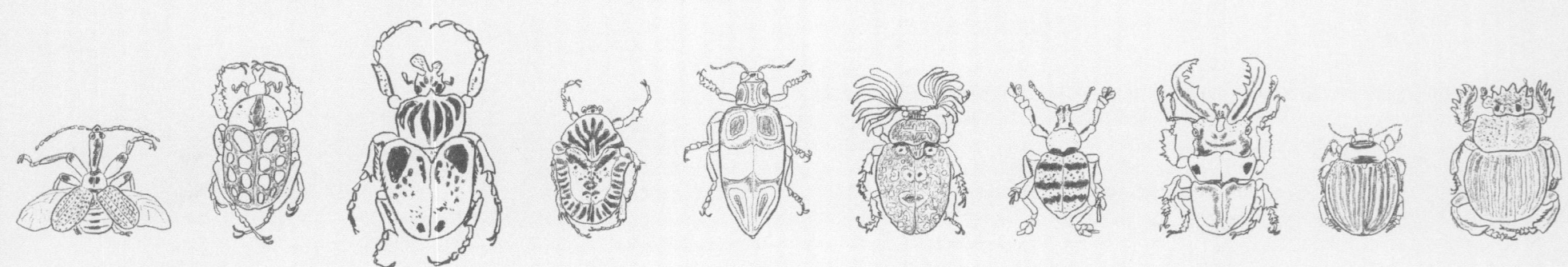